언택트 온라인 창업

코로나 시대를 이겨내는

언택트 온라인 창업

코로나 시대를 이겨내는

까치하니 지음

**튼실한 웹 사이트 제작부터 매출을 팍팍 올려주는
마케팅 기법까지, 온라인 창업 길라잡이!**

생각나눔

프롤로그

    비대면 포스트 코로나 시대를 우리는 과연 어떻게 살아가야 할까? 생계를 위해 직업의 귀천을 따지지 않고 무엇이든 해야 하는 시대이다. 평생 직업이 사라지고 명문대의 입학이 취업을 보장한 시절이 끝난지도 오래되었다.

    갑자기 다가온 비대면 사회를 겪으면서 평범하던 것들이 소중하게 느껴지는 하루를 맞이하며 살고있는 지금 살 부대끼며 함께 살아가던 가족과 친구들을 보고 싶을 때 만날 수 없는 참 이상한 세상에서 우리는 살고 있다. 2020년에 태어난 아이들이 성장할 때는 비대면 시대에 더 익숙해질 것이고, 우리가 보냈던 아름답던 아날로그 시대를 그들은 이해 못 하겠지?

필자는 IT와 법을 전공하였다. 대학원에서 석사 과정으로 IT를 공부하다가 법의 필요성을 절실히 느껴 법학을 전공하여 변호사 자격증을 취득했다.

그리고 2013년부터 구글 검색 엔진 최적화에 대한 연구를 지금까지 해오고 있는데 코로나 사태를 겪으면서 더 늦기 전에 내가 가지고 있는 보잘것없는 나의 지식이 누군가에게는 도움이 되었으면 하는 바람에서 글쓰기를 결심했다. 죽으면 아무 쓸모없는 지식인 것을 왜 그렇게 머릿속에 꽁꽁 싸매고만 있었을까? 필자보다 능력 좋고 똑똑한 디지털 전문가들이 많은 걸 알면서도 감히 책 쓰기를 결심해본다.

처음 이 글을 쓸 때 온라인 창업을 준비하는 입문자들을 독자로 타깃으로 잡고 집필을 시작했다. 온라인 창업을 생애 처음 시도하는 예비 창업자들이 읽기 쉽도록 구성과 내용을 간략화하도록 노력했으며, 가능한 전문 용어를 사용하지 않으려고 정말 많은 심의를 기울였다. 하지만 내용 특성상 전문 용어를 사용하지 않으면 설명할 수 없는 부분이 많아 어쩔 수 없었음을 양해 바란다.

이 책의 목표는 온라인 창업을 시작하는 방법과 디지털 마케팅의 생태계와 개념을 예비 온라인 창업 입문자들에게 소개하고 설명한다. 그래서 독자들이 이 책을 완독했을 때쯤이면 온라인상에서의 창업 환경과 마케팅 생태계가 어떻게 돌아가는지 감을 잡게 해줄 것이다. 필자는 현재 실용 서적을 집필 중이니 곧 다시 만날 수 있기를 기대해본다.

지금의 힘든 이 시기를
다들 잘 버티시길 바라며….

Special Thanks

집필하고 있을 때 힘이 되어준 가족과 지인들에게 감사하다는 말을 전한다. 특히 지향, 영희, 진위, 광미, 미숙, 춘자, 지영&리스, 지율&정준아 고마워!

2020년 12월
마지막 탈고를 마치며

* 본 책에 실린 모든 사진들은 https://pixabay.com/의 저작권에 문제가 없는 무료이미지와 https://www.shutterstock.com/의 유료이미지를 구입하여 사용하였습니다.

CONTENTS

프롤로그_4

STEP 1 : 대세 중의 대세 워드프레스랑 친해지기

워드프레스(Wordpress)가 뭐라고? ……………………………………… 13

STEP 2 : 이까짓 워드프레스 나 혼자 만들어볼까?

워드프레스 웹 호스팅 신청 또는 웹 서버 구축 ……………………… 26
워드프레스 무료&유료 테마 설치 ……………………………………… 29
워드프레스 플러그인 설치 ……………………………………………… 34
구글&빙 검색 엔진 등록하기 …………………………………………… 42

STEP 3 : 망하지 않는 튼실한 웹 사이트 만드는 방법

꼭 외워야 할 마케팅 필수 용어 ………………………………………… 47
구글 SEO 검색 엔진 최적화 체크리스트 ……………………………… 58
웹 사이트 내부 최적화 …………………………………………………… 61
영어를 몰라도 영문 콘텐츠 작성하는 방법 …………………………… 79
매출을 팍팍 올려주는 온라인 마케팅 기법 …………………………… 96

STEP 4 : 구글 검색 엔진 상위에 오래 안착하는 마케팅

구글 검색 엔진 웹 사이트 외부 최적화 체크리스트 ………………… 104
웹 사이트 외부 최적화 Q&A ……………………………………………… 108
절대로 따라하면 안 되는 온라인 마케팅 ……………………………… 114
잘하는 마케팅 업체가 사용하는 온라인 마케팅 기법 ……………… 117

STEP 5 : 코딩을 1도 몰라도 온라인 창업이 가능하다고?

쇼피파이(Shopify)로 1시간 만에 상품 등록하기 …………………… 122
윅스(Wix)로 1시간 만에 사장님 되기 ………………………………… 130
스퀘어스페이스(SquareSpace)로 투잡 뛰기 ………………………… 135
위블리(Weebly)로 온라인 창업 시작하기 …………………………… 139
줌라(Joomla!)로 온라인 창업 도전해보기 …………………………… 147
드루팔(Drupal)은 어렵지만 괜찮아 …………………………………… 151

STEP 6 : 온라인 창업이 버겁다면 일단 제휴 마케팅

쿠팡 파트너스로 돈 벌어보기 …………………………………………… 156
아마존 제휴 마케팅으로 돈 벌어보기 ………………………………… 161
이베이 제휴 마케팅으로 돈 벌어보기 ………………………………… 169

STEP 7 : 알면 온라인 창업 시 도움이 될 만한 것들

온라인 쇼핑몰 매출 증대를 위한 18가지 디지털 마케팅 …………… 178
검색 엔진 최적화 SEO 작업 시 발생하는 법적인 문제 ……………… 193
검색 엔진 최적화에 유용한 SEO 툴 총정리 ………………………… 199
구글 온라인 마케터가 되기 위한 자격증 시험 종류 ………………… 204
유튜브(Youtube) 동영상 마케팅을 과연 해야 할까? ………………… 217
구글 검색 엔진의 역사 …………………………………………………… 226

온라인 창업 STEP 1

: 대세 중의 대세 워드프레스랑 친해지기

워드프레스(Wordpress)가
뭐라고?

    🖋 비대면 사회에 대비하여 온라인 창업을 하기로 결심했다면 어디서부터 시작을 해야 할까? 우선 당신이 컴퓨터를 얼마만큼 다룰 수 있는지를 객관적으로 판단해야 한다. 만약 일반인의 평균 컴퓨터 실력보다 실력이 떨어진다고 판단되면 컴퓨터 학원에 다니거나 국비 과정에서 무료로 진행하는 컴퓨터 수업을 듣는 것을 적극적으로 추천한다.

    요즘에는 웹 사이트를 제작하기 위해서 전문적인 코딩 지식이 요구되진 않는다. 과거에는 웹 사이트를 제작하기 위해 html, css, javascript와 같은 컴퓨터 언어들의 습득이 필수였지만, CMS(Content Management System: 콘텐츠 관리 시스템) 플랫폼의 도입과 발달로 코딩의 '코'도 모르는 사람들도 아주 손쉽게 웹 사이트를 제작할 수 있게 되었다. 물론 웹 사이트상의 에러가 발생하였을 때는 스스로 문제 해결이 어려울 수도 있지만, 그때는 전문가를 고용하면 되기 때문에 그다지 큰 문제가 되지 않는다.

콘텐츠 관리 시스템이란 웹 서버에 테마와 플러그인을 설치하여 웹 사이트를 만들고 양질의 콘텐츠를 추가할 수 있는 플랫폼을 말한다. 시중에는 정말 다양한 CMS 플랫폼이 존재하는데, 그중에서 자신에게 맞는 CMS 플랫폼을 선정하는 것이 아주 중요하다. 아래의 이미지를 보면 얼마나 다양한 콘텐츠 관리 시스템이 존재하는지 확인할 수 있다.

이미지 출처: @crazydomains

온라인 창업자들이 선호하는 무료/유료 콘텐츠 관리 시스템에는 워드프레스(Wordpress), 쇼피파이(Shopify), 윅스(Wix), 스퀘어스페이스(Squarespace), 드루팔(Drupal), 줌라(Joomla!) 등이 있는데, 이 중에서 가장 많이 사용되는 것은 단연코 2003년에 소개된 CMS 마켓의 선두

주자인 워드프레스이다.

온라인 창업의 난이도를 가늠할 수 있는 아래의 표를 참고하길 바란다.

플랫폼	마켓 점유율	창업 난이도	제품 등록	구글 검색 엔진 최적화 결과	코딩 실력
워드프레스	1	중	1달	상	중하
줌라	3	중상	1달 이상	중	중상
드루팔	4	상	1달 이상	상	상
윅스	5	하	1주일	중	하
쇼피파이	2	중하	1주일	중	하
위블리	7	하	1주일	하	하
스퀘어스페이스	6	하	1주일	하	하

위에 언급된 테이블의 결과는 필자의 경험을 바탕으로 결과를 도출한 것이다. 언제까지나 참고용으로만 사용하길 바란다.

여기에서 '제품 등록'이란, 웹 사이트를 제작하고 온라인상에서 비즈니스를 오픈한 후 제품 1개를 등록할 때까지 걸리는 평균 기간을 말한다. 이 글을 읽고 있는 당신이 컴퓨터 사용에 익숙하고 네이버 블로그 정도는 어려움 없이 충분히 개설할 수 있다는 가정하에 콘텐츠 관리 시스템에 관한 단기 교육을 받거나 독학을 한 후, 혼자서 제품을 리스팅 할 때까지 걸리는 시간이다. 개인의 역량에 따라 다르지만, 기간은 짧게는 2~3일, 평균 일주일이 걸리며, 능숙하지 않은 분들의 경우에는 그 이상의 기간이 걸리기도 한다.

10년 전에는 워드프레스로 웹 사이트를 제작하기 위해 어느 정도의 코딩 실력이 요구되었다. 하지만 몇 년 전부터 드래그&드롭(Drag&Drop) 기능이 도입되고 다른 플랫폼처럼 코딩을 하지 못하더라도 웹 사이트로 제작하는 데 문제가 없는 플랫폼으로 전향되면서 더 많은 사람들이 워드프레스를 이용하여 온라인 창업을 시작하고 있다.

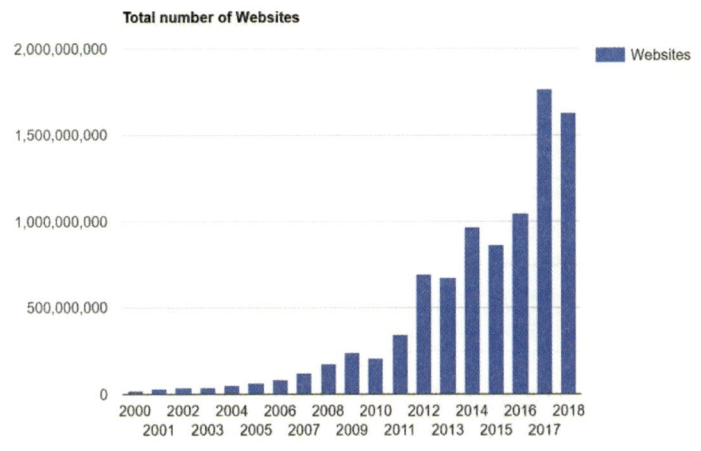

이미지 출처: @IsItWp 〈www.isitwp.com/popular-cms-market-share〉

 Netcraft의 리서치 결과에 따르면 현재 워드프레스는 전 세계의 35% 인터넷 시장을 점유하고 있고 455,000,000개의 웹 사이트들이 워드프레스 플랫폼으로 제작되고, 이 중에 20%는 워드프레스가 제공하는 서버를 사용하지 않는 셀프 호스팅(self-hosted website) 웹 사이트라는 것을 고려할 때 워드프레스의 영향력이 얼마나 큰지 짐작할 수 있다.

Year (June)	Websites	Change	Internet Users	Users per Website	Websites launched
2018	1,630,322,579	-8%			
2017	1,766,926,408	69%			
2016	1,045,534,808	21%			
2015	863,105,652	-11%	3,185,996,155*	3.7	
2014	968,882,453	44%	2,925,249,355	3.0	
2013	672,985,183	-3%	2,756,198,420	4.1	
2012	697,089,382	101%	2,518,453,530	3.6	
2011	346,004,403	67%	2,282,955,130	6.6	
2010	206,956,723	-13%	2,045,865,660	9.9	Pinterest, Instagram
2009	238,027,855	38%	1,766,206,240	7.4	
2008	172,338,726	41%	1,571,601,630	9.1	Dropbox
2007	121,892,559	43%	1,373,327,790	11.3	Tumblr
2006	85,507,314	32%	1,160,335,280	13.6	Twttr
2005	64,780,617	26%	1,027,580,990	16	YouTube, Reddit
2004	51,611,646	26%	910,060,180	18	Thefacebook, Flickr
2003	40,912,332	6%	778,555,680	19	WordPress, LinkedIn
2002	38,760,373	32%	662,663,600	17	
2001	29,254,370	71%	500,609,240	17	Wikipedia

이미지 출처: @IsItWp ⟨www.isitwp.com/popular-cms-market-share⟩

많은 유명 업체들이 워드프레스를 적극적으로 활용하고 있다. 워드프레스를 사용하는 대표적인 해외 웹 사이트는 아래와 같다.

- 미국 백악관 웹 사이트 (https://www.whitehouse.gov/)
- 뉴욕 타임스 (https://www.nytco.com/)
- 월트 디즈니 (https://thewaltdisneycompany.com/)
- 도요타 (https://www.toyota.com.br/)
- 보그 (http://www.vogue.co.kr/?international)

워드프레스를 사용하는 대표적인 국내 웹 사이트는 아래와 같다.

- 삼성전자 뉴스룸 (https://news.samsung.com/global/)
- 카카오 테크 기술 블로그 (https://tech.kakao.com/)
- LG 챌린저스 (http://www.lgchallengers.com/)
- 현대 자동차 그룹 (https://tech.hyundaimotorgroup.com/)
- KG 이니시스 (https://www.inicis.com/)

* 위에 언급된 웹 사이트들은 2021년 2월의 시점에서 워드프레스로 제작이 되어 운영되고 있음을 확인할 수 있었다.

필자는 많은 콘텐츠 관리 시스템을 시도해보았고, 그중에서 워드프레스가 온라인 창업을 준비하는 초보자들이 손쉽게 다룰 수 있는 플랫폼이라는 것을 깨달았다.

전문적인 코딩 지식과 기술이 없더라도 워드프레스 플랫폼을 이용하여 손쉽게 웹 사이트를 제작할 수 있다. 그리고 웬만한 기능들은 플러그인 설치로 구현 가능하기 때문에 온라인 창업을 결심했다면 망설이지 말고 일단 워드프레스로 시작하는 것을 권유한다.

한 개의 콘텐츠 관리 시스템을 완벽하게 파악을 했다면 다른 플랫폼들도 별 어려움 없이 사용할 수 있으니 어느 정도 워드프레스에 익숙함을 느끼고 자신에게 맞지 않다는 판단이 설 때는 다른 플랫폼을 사용해 보는 것을 추천한다.

워드프레스의 장점을 차후 자세히 다루겠지만, 마무리하기 전, 워드프레스의 장점을 요약하자면 아래와 같다.

1. 편리한 사용과 관리
2. 깔끔한 UX&UI
3. 다양한 플러그인
4. 최상의 검색 엔진 최적화
5. 관리하기 쉬운 콘텐츠
6. 반응형, 모바일 최적화

이미 다른 도서들을 통해 많은 전문가들이 워드프레스를 사용한 웹 사이트 제작 과정을 다루고 있기 때문에, 이 책에서는 따로 다루지 않도록 하겠다.

* 위의 이미지들은 해당 웹 사이트에 방문하여 캡처한 이미지이므로, 해당 업체에 저작권이 있다.

온라인 창업 STEP 2

: 이까짓 워드프레스 나 혼자 만들어볼까?

워드프레스 웹 호스팅 신청
또는 웹 서버 구축

워드프레스 무료&유료
테마 설치

워드프레스
플러그인 설치

구글&빙 검색 엔진
등록하기

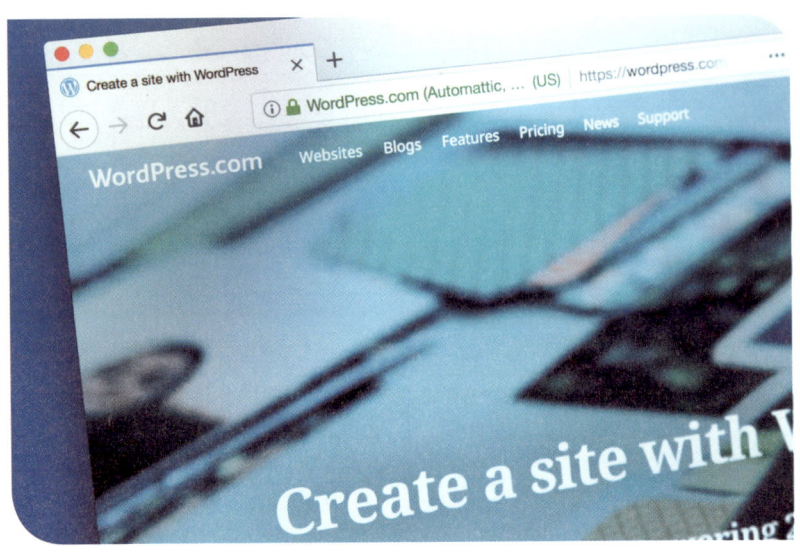

✎ CMS(콘텐츠 관리 시스템) 플랫폼이 등장하기 전, 홈페이지 제작은 웹 디자이너와 웹 개발자들만이 접근 가능한 전문 영역이었다. 웹 프로그램 언어를 공부하지 않는 이상, 일반인이 엄두 내기에는 좀 어려운 분야였다고 해야 할까? 지금은 IT 기술이 발달함에 따라 코딩이 의무화 교육이 되고, 비록 코딩에 무지하여도 콘텐츠 관리 시스템을 이용하여 간단한 웹 사이트 정도는 스스로 제작할 수 있게 되었다. 그중에서도 단연 으뜸인 플랫폼이 있으니, 바로 워드프레스(Wordpress)이다.

특히 온라인 창업 또는 부업을 염두에 두고 있다면 블로그 개설은 기본으로 하고 추가로 워드프레스를 사용하여 웹 사이트 정도는 만들 수 있어야 중급 또는 고급의 온라인 마케팅 실력을 갖출 수 있다.

무료로 개설이 가능한 업체의 블로그(예: 네이버 블로그, 다음의 티스토리)를 이용하면 쉽게 블로그 제작이 가능하고 온라인 마케팅과 관리가 편리하지만, 많은 제약이 따르기 때문에 독립적인 블로그를 운영하는 것도 좋은 방법이다.

워드프레스를 이용하여 블로그 또는 웹 사이트를 제작하는 방법에는 두 가지가 있다.

- 가입형 워드프레스
- 설치형 워드프레스

금전적 비용이 적게 드는 가입형 워드프레스도 좋지만, 온라인 마케팅의 활동 방향을 넓히기 위해서는 설치형 워드프레스를 사용하는 것을 적극 권유한다. 같은 워드프레스의 웹 사이트라고 할지라도 접근 가능한 기능과 검색 엔진의 최적화 결과에는 많은 차이가 난다.

그럼, 워드프레스를 이용하여 블로그나 웹 사이트를 제작하기 위해서는 무엇을 해야 할까?

1. 워드프레스 웹 호스팅 신청 또는 웹 서버 구축
2. 워드프레스 무료&유료 테마 설치
3. 워드프레스 플러그인 설치
4. 구글&빙 검색 엔진에 등록하기
5. 본격적인 온라인 마케팅 시작하기(내부 최적화&외부 최적화)

이제 각 단계를 천천히 훑어보겠다.

01
워드프레스 웹 호스팅 신청 또는
웹 서버 구축

✎ 웹 호스팅 서비스라는 것은 개인 혹은 업체가 홈페이지를 운영할 서버(컴퓨터)를 임대해주는 것을 말하는데, 집에 컴퓨터(로컬 컴퓨터- local computer)가 있으면 자신의 컴퓨터에서도 설치할 수 있지만, 설정해야 할 것도 많고 백업 문제로 대부분 사람들은 웹 호스팅 업체를 이용한다. 국내에서는

1. 카페 24(https://www.cafe24.com/)
2. 가비아(https://www.gabia.com/)

이 두 업체를 많이 사용하는데, 비용은 최저 월 500원부터 다양하여 상황에 맞는 플랜을 고르면 된다. 웹 호스팅 서비스의 경우 비용이 저렴하면 저렴한 만큼의 서비스만 사용이 가능하니 자기에게 맞는 플랜을 결정하면 된다. 저렴한 호스팅 서비스를 이용하다가 웹트래픽이 증가하면 호스팅을 업그레이드만 시키면 되니 별문제는 아니다.

카페 24의 경우 워드프레스 절약형은 단돈 500원에, 일반형은 1,100원, 비즈니스형이라 할지라도 5,500원밖에 들지 않는다. 얼마나 착한 금액인가!

가비아의 경우 베이식 무제한의 호스팅이 매월 9,500원이고, 스탠더드 무제한 호스팅 서비스가 매월 20,000원이다.

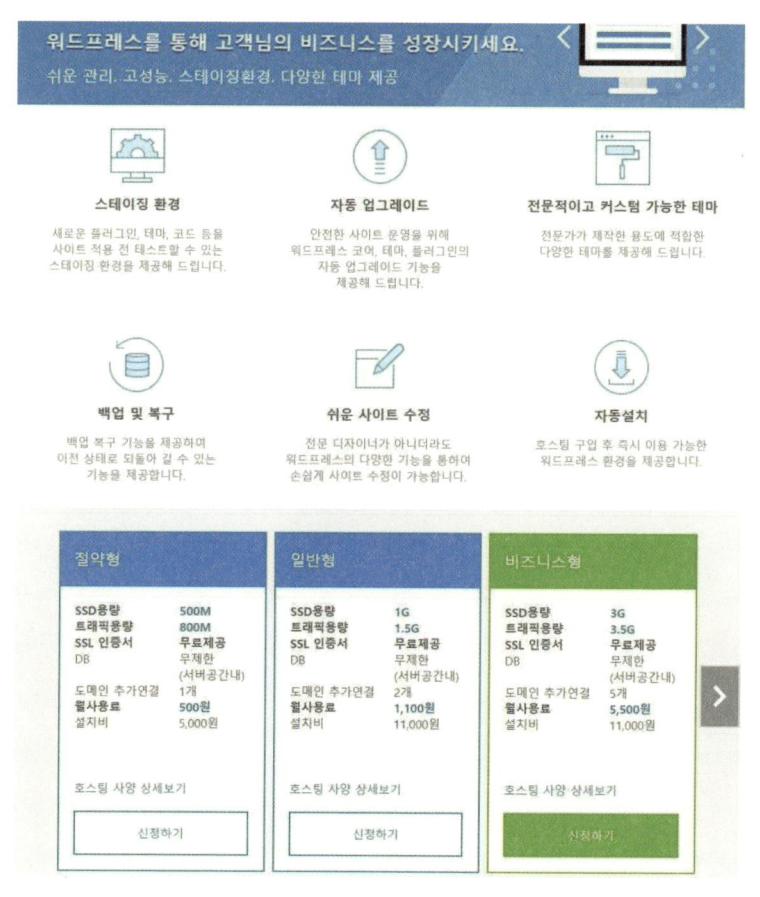

이미지 출처: 카페 24

이 시점에서 도메인을 구매해야 하는데, 도메인 구매 전에는 충분한 키워드 리서치를 해놓는 게 좋다. 국내 시장을 중점으로 비즈니스를 할 계획이라면 네이버 검색 광고(https://searchad.naver.com/)에 가입하여 키워드를 리서치한다.

만약 영문 도메인을 구매하려고 하는데 비즈니스 이름이 정해져 있지도 않고, 아무런 아이디어도 떠오르지 않아 도메인 주소를 결정하지 못한다면 구글 애즈 키워드 플래너(Google Ads Keyword Planner)에서 제공하는 키워드 검색 기능을 사용하는 것을 추천한다. 이때, 중요한 키워드를 도메인 이름에 포함한 주소를 사용하면 검색에 탁월한 효과를 얻을 수 있다. 도메인을 구매할 때는 영문과 한글 모두 구매하여 영문 주소를 메인 주소로 사용하고, 한글 도메인의 경우 리다이렉팅(301 Redirecting)을 이용하여 한글로 검색하더라도 영문 메인 웹 사이트로 자연스럽게 유입하도록 하는 것이 검색엔진 최적화 면에서도 좋다.

02
워드프레스 무료&유료 테마 설치

  웹 호스팅 업체를 선정하고 도메인을 구매한 뒤, 기타 웹 서버의 세팅이 완료되면 본격적으로 워드프레스를 설치한다. 워드프레스의 경우 무료 테마와 관리자 페이지를 제공하기 때문에 '설치' 버튼을 누르면 클릭 한 번으로 별다른 어려움 없이 워드프레스 사이트를 설치할 수 있다.

 웹 호스팅을 선정하고 워드프레스를 설치하는 데까지 고수의 경우 단 10분 만에도 가능하지만, 온라인 마케팅에 경험이 없는 입문자라면 하루 또는 그 이상의 시간이 소요될 수 있으니 조급함을 가지지 말고 천천히 하면 된다. 워드프레스는 독학으로 가능하지만, 컴퓨터에 익숙지 않은 사람은 학원이나 교육 시설에 참여하여 배우는 것이 시간적으로나 비용적으로나 효율적이다.

 CMS(콘텐츠 관리 시스템) 플랫폼 가장 큰 장점으로는 컴퓨터 코딩을 몰라도 몇 번의 마우스 클릭만으로 웹 사이트를 만들 수 있다는 것이 가장 큰 매력이다.

도메인을 구매하고 웹 호스팅 업체를 선정한 뒤 워드프레스 무료 테마 설치까지 마치고 난 뒤 고민을 할 것이다. 무료 테마를 계속 사용할 것인지, 아니면 유료 테마를 구매하여 좀 더 프로페셔널하게 보일지를 말이다. 무료 워드프레스를 사용하면 비용 면에서 장점이 있지만, 왠지 모르게 전문성이 떨어지는 느낌이 든다고 할까?

이유는, 웹 사이트 푸터(하단) 디자인이 비즈니스의 전문성과 관련이 있기 때문이다.

테마를 제작하여 무료로 배포하는 개발자의 그 공로를 인정하기 위해 크레딧(Credit)을 주는 것은 당연하지만, 이러한 표식이 싫다면 유료 버전의 테마를 업그레이드하거나 구매하면 된다.

무료 테마의 경우에는 기능이 제한적이고 디자인 역시 덜 세련된 느낌이 있다. 일반적으로 전문성을 가지고 운영되는 웹 사이트나 비즈니스의 경우에는 유료 테마를 사용한다. 이해를 돕기 위해 쉬운 예를 들자면, 중요한 정부기관의 웹 사이트 하단에 워드프레스의 무료 테마 정보가 보여진다고 생각하면 금방 이해가 될 것이다.

유료 워드프레스 테마를 구입할 수 있는 곳은 아래와 같다.

1. https://themeforest.net
2. https://www.templatemonster.com
3. https://creativemarket.com

4. https://mythemeshop.com

5. https://rarathemes.com

이 중에서도 가장 인기 있는 워드프레스 테마 구매 사이트는 Theme-forest(테마 포레스트)이다. 불과 10년 사이에 테마 종류가 더욱 다양해져서 고르는 재미가 있을 정도이다. 어쩌면 결정 장애에 부딪혀 테마를 선정하는 데만 일주일 혹은 그 이상의 시간을 소비할 수도 있다. 유료 테마를 고를 때는 비용(미국 달러로 결제)이 만만치 않기 때문에 심사숙고하여 재구매를 하지 않도록 해야 한다.

필자의 경우, 오래전에 테마를 잘못 구매하여 환불 요청을 한 적이 있었다. 비록 테마를 다운로드 하지 않았더라도 결제하는 순간 바로 다운로드가 가능하다는 이유로 환불을 받지 못했고, 테마도 사용하지 못한 경험이 있다.

유료 테마들은 각각의 다른 디자인과 플러그인들로 구성되어 있어서, 가능한 많은 테마를 접하고 공부하면서 전반적인 워드프레스 웹사이트의 구성을 파악하는 것이 좋다. 워드프레스 초보자의 경우(웹 프로그래밍 언어에 대한 지식이 없다는 전제하에), 테마 1개만을 집중하여 공부한다고 하여도 몇 달이라는 시간이 걸린다. 또 대부분의 테마가 영어로 만들어져 있기 때문에 워드프레스 제작을 하는 건지 영어 공부를 하는 건지 헷갈릴 때도 있다.

테마 포레스트에 가입 후, 원하는 웹 사이트를 찾아 구매를 한다. 테마 포레스트에서 가장 인기가 많은 테마는 바로 아래에 보이는 '아바다'이다. 현재까지 618,336개의 웹 사이트가 판매되었는데, 이쯤에서 수익이 궁금해지는 이유는 무엇일까? 618,336 × $60 = $37,100,160이란 금액이 산출된다. 이쯤에서, 개발자로 전향하여 워드프레스 테마를 제작하고 판매해볼까? 하는 생각이 드는 것은 과연 필자만의 생각일까?

이미지 출처: @Themeforest 〈https://themeforest.net/item/avada-responsive-multipurpose-theme/2833226〉

워드프레스 테마 활용에는 2가지 방법이 있는데, 자신에게 맞는 방법을 선택하면 된다.

1. 1개의 테마를 구매하고 분석하여 1개의 테마에 최대한 익숙해진다. 그리고 그 테마를 프로젝트들에 맞게 수정하여 사용한다.

2. 가능한 많은 테마들을 사용하고 경험해보고 이후에 프로젝트에 맞추어 구매하여 사용한다.

개인마다 성향이 다르므로 어떤 것이 더 낫다고 말을 할 수 없지만, 구글 검색 엔진 최적화를 위해 SEO를 진행한다면 옵션 1이 시간과 비용 면에서 나을 것이다. SEO Specialist(스페셜리스트)들의 주목적은 고객의 웹 사이트를 구글 Search Engine Results Pages(SERP)에 노출하는 것이지 웹 사이트 제작이 주된 업무가 아니기 때문이다. 하지만 해외 SEO Specialist들은 간단한 워드프레스 웹 사이트 정도는 만들 수 있다.

03
워드프레스 플러그인 설치

✎ 워드프레스의 기본 설치가 끝나면 플러그인을 설치해야 한다. – 각각의 테마가 요구하는 플러그인이 다르므로 –미리 플러그인을 설치해놓으면 유료 테마가 요구하는 플러그인을 설치할 때 충돌이 발생하여 웹 사이트가 셧다운(Shutdown) 되기도 한다. 이럴 경우, 에러 수정에 많은 시간과 노력이 들기 때문에 혼자서 해결하려고 하기보다는 워드프레스 전문가에게 맡기는 게 상책이다. 테마 설치 후, 다음의 무료/유료 플러그인들은 추천한다.

▌필수 추천 워드프레스 플러그인

- Plugin 1: Yoast SEO
- Plugin 2: Wordfence
- Plugin 3: WP Statistics
- Plugin 4: Redirection
- Plugin 5: W3 Total Cache

Yoast SEO: https://yoast.com/wordpress/plugins/seo/

 Yoast SEO(요스트 SEO) 플러그인은 구글 검색 엔진 노출 시 필요한 필수 플러그인이다. Yoast SEO 말고도 All in One SEO Pack와 같이 다른 SEO 플러그인들도 많으니 한 번쯤은 사용하여 비교해보는 것도 좋을 것이다. 아래의 리뷰를 보면, 2020년 8월을 기준으로 지금까지 5+ million(1 million = 100만)의 누적 설치가 이루어졌고, 사용자들의 만족도도 높다. 필자 역시 요스트 SEO를 주로 사용한다.

 요스트 SEO에는 무료 버전과 유료 버전이 있는데, 온라인 창업 마케팅 초창기에는 유료 버전이 필요 없다. 무료 버전을 잘 활용하더라도 구글 검색 엔진 노출에는 아무런 문제가 없으니 허튼 곳에 돈을 쓰지 말자!

Wordfence: https://www.wordfence.com/

워드펜스(Wordfence) 역시 설치해야 할 필수 플러그인이다. 현재 실시간 해킹 상황을 확인하고 싶으면 Threatbutt Internet Hacking Attack Attribution Map 사이트에 접속해본다.[1]

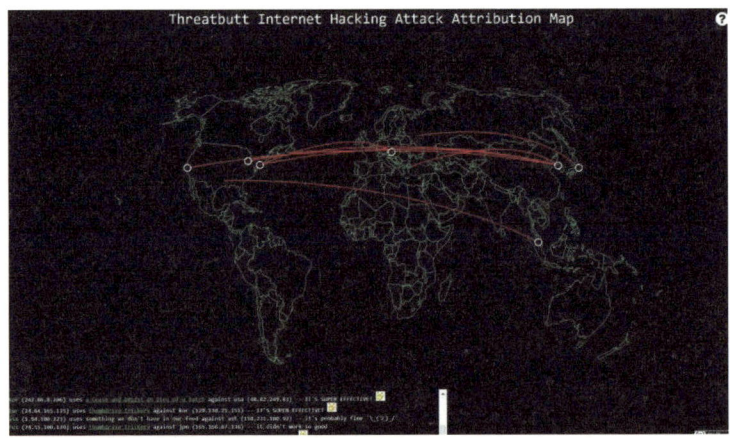

이렇게 쉴 새 없이 쏟아지는 해킹 시도 속에서 워드펜스의 역할은 크다. 해커들의 IP 접속 차단은 물론이고, 실시간으로 악성 코드를 감지하거나 제거한다. 이 플러그인 역시 무료와 유료 버전이 있는데 온

---

[1] Threabutt Internet Hacking Attack Attribution Map, <https://threatbutt.com/map/>.

라인 창업/부업 입문자들은 무료 버전으로도 충분히 별 탈 없이 사용할 수 있다. 하지만, 이 플러그인을 설치 및 사용한다고 해서 100% 보안이 보장되는 것은 아니기 때문에, 항상 세심한 관찰이 요구된다.

WP Statistics: https://wordpress.org/plugins/wp-statistics/

WP 스태티스틱스(WP Statistics) 플러그인은 워드프레스 방문자 통계를 알려주는 유용한 플러그인이다. 이 플러그인 외에도 다른 방문자 통계 플러그인이 있지만- 필자가 모든 방문자 플러그인을 사용해 본 결과 -이 플러그인이 초보자가 어려움 없이 사용하는 데 적합하다고 판단된다. 이 플러그인의 장점은 일단 관리자 페이지에 접속하여 게시글 옆에 'Hit'라는 칼럼을 생성해 주는데, 게시글의 조회 수를 실시간으로 확인할 수 있다.

또한, 일/별/년별로 방문자 수를 바로바로 확인할 수 있고, 리퍼럴(Referral) 사이트 리스트도 자주 업데이트되어 확인이 가능하기 때문에 방문자 유입 경로도 한눈에 확인할 수 있으며(백링크 확인), 방문자의 IP 주소까지 얻을 수 있기 때문에 보안에도 도움이 된다.

Redirection: https://en-au.wordpress.org/plugins/redirection/

리다이렉션(Redirection) 플러그인 역시 필수 추천 플러그인이다. 이 플러그인의 역할은 처음 설정된 URL 주소가 변경되었을 때 새로 생성된 URL 주소로 자동 이동(리다이렉션)시키는 것이다. 일반적으로 이 플러그인을 설치하면 페이지의 주소가 바뀌었을 때 자동으로 새로운 페이지로 이동을 시켜주지만, 수동으로도 설정이 가능하다.

간혹, 본인의 실수로 또는 호스팅 업체에서 서버를 유지·보수하는 중에 글이 삭제되는 현상이 발생하기도 하는데, 이럴 때 기존의 글이 없어지면서 404 에러 페이지가 뜨게 된다. 이럴 경우 구글봇이 404 페이지를 발견하면 일단 SEO(검색 엔진 최적화)에서 감점을 받게 되는데, 리다이렉션 플러그인은 이런 문제를 깔끔히 해결해 준다.

W3 Total Cache: https://wordpress.org/plugins/w3-total-cache/

워드프레스에 콘텐츠가 많아지면 웹 사이트가 무거워지는 것을 느낄 수 있다. 웹 사이트가 무거워진다는 말은 웹 사이트의 로딩 속도가 느려진다는 말과 같은데, 이렇게 사이트의 속도가 느린 경우에는 W3 Total Cache 플러그인을 설치하여 활성화하면 웹 사이트 속도 향상에 도움이 된다. 하지만, 이 플러그인을 설치 시 기존의 테마 또는 다른 플러그인과 충돌이 발생할 가능성이 크기 때문에, 이 점을 생각하고 설치 여부를 결정한다.

* 위에 사용된 이미지는 각 해당 업체의 웹 사이트에 방문하여 캡처한 이미지로, 저작권은 해당 업체에 있다.

TIP

해외 SEO 스페셜리스트들은 어떤 일을 할까?

이쯤에서 잠시 삼천포로 빠져볼까 한다. 해외 SEO 마케팅 전문가들에게 요구되는 기술은 무엇일까? 아래의 기술을 보유하고 있고 어느 정도의 영어 실력을 가지고 있다면 당신은 한국뿐만이 아니라 해외 취업도 가능할 것이다.

- Demonstrated experience in a Search Engine Optimisation(SEO) Specialist role, proven ability to forecast and project traffic volume(검색 엔진 최적화에 대한 개념을 알고 진행하여 웹 트래픽 발생을 예상할 수 있는 실력)
- Advanced knowledge of Google Analytics, Search Console, Tag Manager, Trends and Keyword Planner(구글 애널리틱스, 서치 콘솔, 태그 매니저, 트렌드와 키워드 플래너에 대한 전문적인 지식)
- Advanced knowledge of Microsoft Excel is mandatory(고급 엑셀 실력)
- Experience with SEO tools such as SEMrush, Ahrefs and Screaming Frog(SEMrush, Ahrefs, Screaming Frog와 같은 SEO 소프트웨어 사용 경험)

- A strong understanding of HTML, CSS and JavaScript(수준 높은 HTML, CSS, JavaScript 코딩 실력)
- Experience with content management systems including WordPress and Drupal(워드프레스와 두루팔과 같이 CMS 시스템을 사용해본 경험)

지금 시점에서는 해외 취업이 어렵겠지만, 모든 것이 온라인으로 가능하기 때문에 원한다면 집에 머물면서 해외 프로젝트를 수주하는 방법을 찾아볼 수도 있다.

예를 들어 업워크(Upwork: https://www.upwork.com/)에 프리랜서로 가입하면 전 세계 소·중·대규모 업체에서 프리랜서들을 고용하고 있는 것을 확인할 수 있다. 분야도 IT, 번역, 마케팅 등 각양각색이다. 이런 해외 사이트 이용의 장점은 한국의 재능 사이트를 통해 투잡을 뛰는 것보다 더 많은 돈을 벌 수 있다는 것이다.

04
구글&빙 검색 엔진 등록하기

📝 워드프레스 유료 테마를 제작하고 설치를 마친 후엔 성의를 다해 작성한 콘텐츠를 업로드한다. 이 모든 작업이 끝나도 검색 엔진에 등록하지 않으면 웹 사이트가 검색 엔진에서 인덱스(Index: 노출)가 되지 않는다. 검색 엔진에 등록한다는 말을 쉽게 풀어 말하자면 내가 낳은 자식을 동사무소에 출생 신고한다는 개념이다. 새로운 웹 사이트가 만들어졌으니, 구글과 빙에 내 웹 사이트 방문을 요청하는 것이다.

앞에서, Yoast SEO 플러그인을 반드시 설치해야 한다고 언급했다. 이 플러그인을 설치하면 XML Sitemap(사이트 맵)이 자동으로 생성되는데, 이 URL 주소를 구글과 빙의 Webmaster Tool에 반드시 제출해야 한다. 요스트 SEO에서 자동으로 생성해주는 사이트 맵의 주소는 sitemap_index.xml이다. 예를 들어 https://www.도메인.com/sitemap_index.xml과 같이 생겼다.

이 글은 온라인 창업과 부업을 준비하는 입문자용으로 작성되었기 때문에 기본적인 개념에 중점을 두었다. 일단, 하는 방법을 배우려고 하기보다는 이런 것들이 있다는 것을 알고 개념만 알면 된다. 지금은 나무를 볼 때가 아니라 숲을 봐야 할 때이다.

구글 웹 마스터: https://www.google.com/webmasters/
빙 웹 마스터: https://www.bing.com/toolbox/webmaster

온라인 창업 STEP 3

: 망하지 않는 튼실한 웹 사이트 만드는 방법

꼭 외워야 할
마케팅 필수 용어

구글 SEO 검색 엔진
최적화 체크리스트

웹 사이트 내부 최적화

영어를 몰라도
영문 콘텐츠 작성하는 방법

매출을 팍팍 올려주는
온라인 마케팅 기법

　　　　　　　✎ 온라인 마케팅과 검색 엔진 최적화 작업을 위해서 반드시 기억해야 하고 암기해야 할 전문 용어들이 있다. 기본적인 용어들을 알고 각각의 단어들이 어떤 형태로 작용하는지 이해하고 있다면 효율적으로 디지털 마케팅과 최적화 작업을 진행할 수 있을 것이다. 아래에 언급되는 단어들은 선택이 아니라 필수로 알아야 하는 단어들이니 반드시 암기하도록 하자.

01
꼭 외워야 할 마케팅 필수 용어
(검색 엔진 최적화 / 온라인 마케팅 작업 시)

Algorithm: 알고리즘, 한국말로 '로직'이라고 한다. 구글은 자신들이 개발한 알고리즘을 이용하여 웹 사이트를 검색 엔진에 노출시킨다. 구글 알고리즘 변화를 간단하게 살펴보자면 아래와 같다.

- 판다(Google Panda, 2011)
- 펭귄(Penguin, 2012)
- 허밍버드(Hummingbird, 2013)
- 피죤(Pigeon, 2014)
- 랭크-브레인(Rank-Brain, 2015)
- 포썸(Possum, 2016)
- 프레드(Fred, 2017)

알고리즘이 업데이트 될 때마다 자신이 진행하고 있는 구글 최적화 SEO 기법이 바뀐다는 것은 어쩌면 자신이 지금까지 해오고 있던 방식에 문제점이 있진 않은지 한번쯤은 검토해보아야 한다. White Hat

SEO 전략을 제대로 세우고 따르고 있다면 앞으로 어떤 알고리즘이 발표되어도 큰 영향은 없을 것이다.

301 redirect / 302 redirect: 301과 302 리다이렉트는 사용자가 브라우저를 통해 웹서버에 접근 요청을 했을 때 돌려받는 웹 서버의 상태 코드이다. 직접 해보지 않는 이상 이렇게 글로만 에러를 접하게 되면 이것이 무슨 말인지 도통 이해가 가지 않을 것이다.

301은 요청한 페이지가 새로운 주소로 영구적으로 옮겨 갔다는 신호이고, 302는 요청한 페이지가 새로운 주소로 일시적으로 옮겨갔다는 것을 말한다. 검색 엔진 봇/크롤러는 이 둘의 차이점을 정확히 파악하고 있고 이 상태는 검색 엔진 최적화에 큰 영향을 미친다.

Anchor text: 앵커 텍스트란 중요한 정보를 제공하기 위해 문자에 링크를 삽입하는 것을 말한다. 아래 예를 보면 "여기를 클릭하세요."라는 글을 클릭하면 다른 페이지로 이동하는데, 여기서 "여기를 클릭하세요."가 앵커 텍스트가 되는 것이다. 앵커 텍스트의 사용은 웹 사이트 내부 최적화와 외부 최적화 작업 시 아주 중요한 요소이므로 반드시 사용 방법을 알아 놓아야 한다.

〈a href="이동하고자 하는 페이지 주소"〉여기를 클릭하세요.〈/a〉

DoFollow&NoFollow: 기본적으로 모든 링크는 DoFollow이다. 앵커 텍스트를 사용하면 다른 페이지로 이동하게 되는데, 이때 구글봇(Crawler)이 링크를 따라갈 수 있느냐 없느냐에 따라 DoFollow인지

NoFollow인지 결정이 된다. 인위적인 DoFollow는 오히려 검색 엔진에 부정적인 영향을 줄 수 있으니, 적당한 비율로 DoFollow와 NoFollow를 사용해야 하겠다.

〈a href="이동하고자 하는 페이지 주소〉 여기를 클릭하세요.〈/a〉
〈a href="이동하고자 하는 페이지 주소" rel="nofollow"〉 여기를 클릭하세요.〈/a〉

Internal link: 내부 링크라고 한다. 말 그대로 웹 사이트 내부에서만 이동하는 링크를 말한다. 외부로 링크가 새어나가지 않는다. 내부 링크만 잘 관리해도 구글 검색 엔진의 순위는 오른다.

External link: 외부 링크라고 한다. 말 그대로 웹 사이트 내부에서 외부로 나가는 링크를 말한다. 구글 검색 엔진 최적화를 위해서 외부 링크의 관리는 필수이며, 아주 중요한 요소이다.

Google Ads: 이전에는 구글 애드워즈로 사용되었다가 이름이 바뀌어 지금은 '구글 애즈'로 불린다. 구글 애즈는 구글에서 시행하는 광고 시스템으로, 광고자는 사용자가 광고 업체의 배너 광고를 클릭할 때마다 일정한 비용을 지급해야 한다. 키워드의 난이도에 따라 클릭당 비용은 다르게 측정이 되며, 애드워즈 광고를 멈추게 되면 바로 웹 트래픽(Web Traffic) 손실을 입게 된다. 금전적인 여유가 된다면 꾸준히 광고를 집행하는 것이 좋다. 상황이 여의치 않을 수도 있지만, 웹 트래픽이 발생하기 어려운 온라인 창업 초창기에 광고를 집행할 경우 긍정적인 효과를 볼 수 있다. 하지만 광고 금액에 따라 그 결과는 천차만별이다.

Backlink: 백링크란 다른 웹 사이트로부터 들어오는 링크를 말한다. 쉽게 말하자면, 어느 유명 인플루언서가 나의 제품을 그/그녀의 블로그에 소개하면서 링크를 걸어놓으면 소비자들은 제품/서비스를 구매하기 위해 '해당 링크'를 클릭하여 나의 웹 사이트에 들어오게 된다. 이때 사용되는 링크를 바로 '백링크'라 한다.

Paid links: 페이드 링크란, 퀄리티 있는 백링크를 생성하기에 많은 시간과 노력이 필요한 부분이기 때문에, 효율성을 높이고 시간과 비용을 줄이기 위해 일정 비용의 돈을 지불하고 백링크를 구매하는 행위를 말한다. 경우에 따라서 백링크를 사는 행위가 합법일 수도, 불법이 될 수도 있다. 이해를 돕기 위해 간단한 예를 들자면, 지역 커뮤니티 웹 사이트에 일정 금액의 비용을 지급하고 나의 비즈니스를 소개하는 배너를 다는 것이다.

White Hat SEO: 구글 검색 엔진 최적화 작업을 진행하면서 사람이 직접 기획하고 캠페인을 진행하여 오랜 시간을 두고(짧게는 6개월, 길게는 2년) 서서히 최적화 작업을 진행하면서 오가닉 웹 트래픽(Organic Web Traffic: 순수 방문자)을 발생시키는 행위로 구글이 선호하는 최적화 방식이다.

Black Hat SEO: 구글 검색 엔진 최적화 작업을 진행하면서 사람이 아니라, 소프트웨어를 사용하여 인위적인 방법으로 – 경우에 따라서 불법적이기도 한 – 단시간에 웹 사이트를 상위에 노출시키는 행위를 말한다. 구글 검색 엔진은 Black Hat SEO 테크닉을 사용하여 상위 노출에 성공한, 또는 상위 노출을 시도한 웹 사이트에 페널티(Penalty)를 부과한다. 예를 들어, 웹 사이트의 순위를 떨어뜨린다든지, 웹 사이트가 구글 검색 엔진에서 검색되지 않도록 하는 것이다.

Grey Hat SEO: 구글 검색 엔진 최적화 작업을 진행하면서 White Hat SEO와 Black Hat SEO 테크닉을 적절하게 분배하여 사용하는 행위를 말한다. 그리고 적절한 분배(50:50 / 60:40 / 70:30)는 비용과 시간에 따라 달라지므로, White Hat SEO 테크닉에 비중을 둔 최적화 작업을 시행하고자 한다면 시간과 비용이 높아질 수밖에 없다는 것을 알아야 한다.

현실적으로, 많은 마케팅 업체들이 Grey Hat SEO 테크닉을 사용하여 최적화 작업을 진행하는데, 온라인 창업 입문자들은 최적화에 대한 개념을 먼저 이해를 하고, White Hat SEO 테크닉에 중점을 두어야 하겠다.

On-page optimization: '온 페이지 옵티마이제이션'이라고 말하고, 한글로 '웹 사이트 내부 최적화'라고 부른다. 말 그대로 웹 사이트 내부에서 검색 엔진이 요구하는 기준에 맞춰 최적화를 시키는 것을 말한다. 내부 최적화의 요소로는 도메인 선정, 메타데이터, 이미지/동영상 최적화, 콘텐츠 최적화, 파비콘 업로드, 사이트 맵 생성 및 제출, 내부/외부 링크 최적화 등이 있다.

Off-page optimization: '오프 페이지 옵티마이제이션'이라고 말하고 한글로 '웹 사이트 외부 최적화'라고 부른다. 말 그대로 웹 사이트 내부에서가 아닌, 외부 영역에서 검색 엔진이 요구하는 기준에 맞춰 최적화를 시키는 것을 말한다. 외부 최적화의 요소로는 백링크 생성, 소셜 미디어 시그널, 게스트 포스팅, 콘텐츠 작성 및 제출 등이 있다.

Guest Posting: 게스트 포스팅이란, 내가 쓴 글을 상대방에게 요청하여 상대방의 웹 사이트에 업로드하고, 반대로 상대방의 글을 나의 웹 사이트/블로그에 업로드해주는 행위를 말한다. 쉽게 말하면, 블로그 후기도 게스트 포스팅의 일부라고 볼 수 있다. 일반적으로 게스트 포스팅을 하면서 앵커 텍스트(Anchor text)를 이용하여 백링크(Backlink)를 받는데, 게스트 포스팅을 위한 웹 사이트 선정은 구글 검색 엔진 노출에 아주 큰 영향을 미친다는 것을 알고 주의 깊게 선정해야 한다.

Mobile friendly: 스마트폰 기술이 발달하고 보편화가 되기 전에는 모바일 최적화는 검색 엔진 최적화 작업 시 중요한 요소가 아니었다. 하지만 2020년을 기준으로 3.8 billion(1 billion = 10억)의 인구가 스마트폰을 사용하고 있으니 모바일 친화성은 구글의 검색 엔진 노출의 중요한 요소가 되었다.

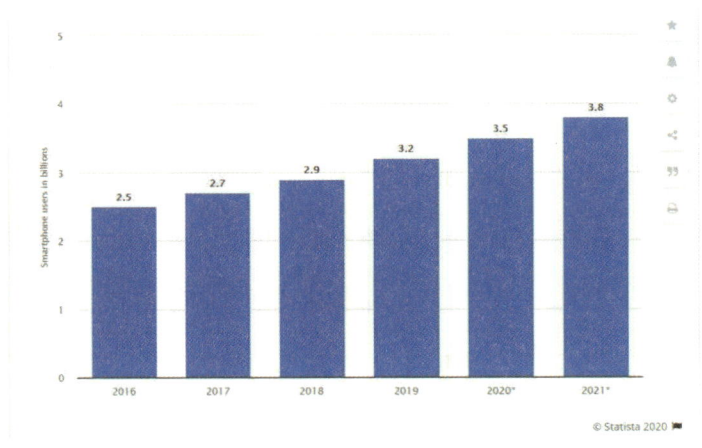

이미지 출처: @Statista 〈https://www.statista.com/statistics/330695/number-of-smartphone-users-worldwide/〉

Page speed: 웹 사이트 로딩 속도는 검색 엔진 최적화에 중요한 요소이다. 사용자가 웹 사이트에 접속하였는데, 3분이 지나도 로딩이 되지 않는다면? 이것은 마치 야근을 마치고 배고픔을 느껴 우동을 먹기 위해 눈앞에 보이는 우동 가게에 들러서 우동 1개를 주문했는데, 우동을 받기까지 40분을 기다리는 것과 같은 상황이다. 내 웹 사이트의 스피드를 체크하기 위해서는 구글에서 무료로 제공하는 PageSpeed Insights에 방문하면 된다.

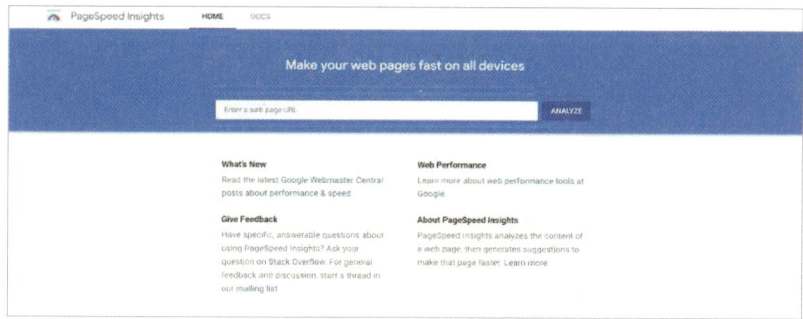

이미지 출처: @Google 〈https:/ developers.google.com/ speed/pagespeed/insights/〉

SSL(Https): SSL(Secure Socket Layer)이라는 프로토콜은 Netscape 사에서 웹 서버와 브라우저 사이의 보안을 위해 만들었는데, 기존의 http://가 아닌 https://를 통해 웹 사이트에 접속하는 방법이다. SSL이 중요한 이유는 구글이 보안을 강화한 안전한 웹 사이트와 페이지를 검색 결과에 우선적으로 노출을 시킨다고 발표했기 때문이다. 기존에 http:// 도메인을 소유하고 있다면 가능한 한 빨리 https://로 전환해야 하고, 온라인 창업을 결심하고 첫 도메인 구매를 해야 하는 창업자라면 이것을 명심하고 https://를 구매해야 한다. 하지만 웹 호스팅 업체에 따라서 추가 비용을 요구하기 때문에 잘 알아보고 구매해야 한다.

CMS(Content Management System): 영어로 번역을 해보자면 '콘텐츠 관리 시스템'이다. 만들어진 웹 사이트 플랫폼을 개인과 업체의 성향에 맞게 수정하여 사용하면 되고, 콘텐츠 위주로 업로드하면서 웹 사이트를 구축하면 된다. 시중에는 정말 다양하고 많은 CMS 플랫폼들이 존재하고 새로 생겨나고 있는데, 그중에서 단연코 워드프레스(Wordpress)의 점유율은 CMS 마켓의 60% 이상을 차지한다. CMS 플랫폼으로 웹 사이트를 제작하면 시간과 비용을 많이 줄일 수 있고, 검색 엔진에 노출이 잘 된다는 장점이 있다.

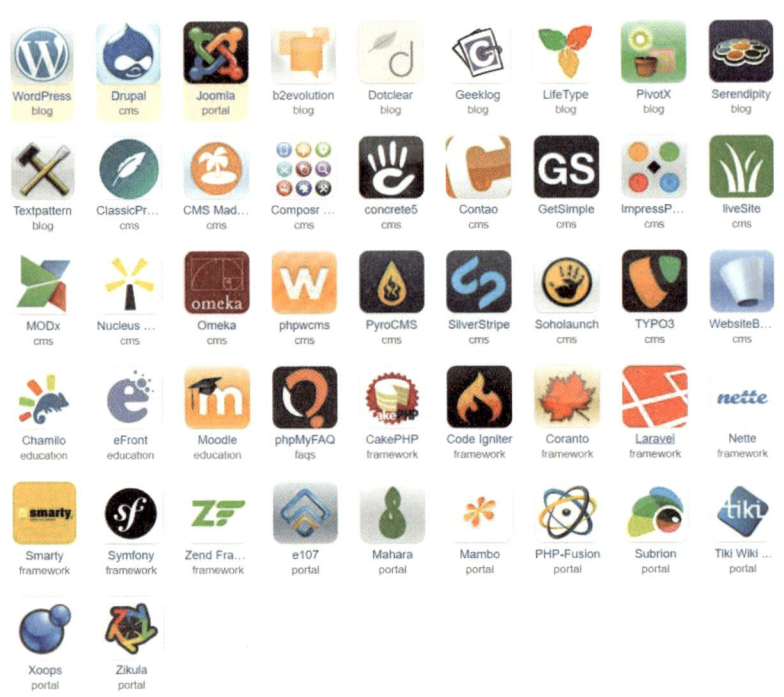

이미지 출처: @crazydomains

Plugin: 플러그인이라는 영어 단어는 무엇을 '꽂는다.'라는 의미를 내포하고 있다. 말 그대로 플러그인은 브라우저, 소프트웨어 혹은 프로그램에는 없는 기능을 추가시킴으로써 메인 프로그램의 기능을 향상시키는 역할을 한다. 디지털 마케팅을 진행할 때, CMS 플랫폼 워드프레스를 많이 사용한다. 이때 구글 최적화 작업을 위해서 Yoast SEO 플러그인을 설치해야 한다. 플러그인은 없어서는 안 될 필수 요소이므로 다양한 플러그인의 특성을 파악하고 자신이 운영하는 웹 사이트에 설치하여 사용하면 된다.

온라인 창업과 마케팅 초보 입문자라면 위에 언급된 용어들이 아주 생소할 것이다. 그렇더라도 오늘 할 일을 절대로 내일 미루지 말고 오늘이 가기 전에 위에 언급된 용어를 반드시 암기해놓자.

02
구글 SEO 검색 엔진 최적화 체크리스트
(홈페이지 내부 최적화를 위한 SEO 진단)

📎 이 챕터에서는 내부 최적화 체크리스트를 한눈에 확인할 수 있게 정리해보았다. 아래의 리스트에 맞춰 웹 사이트를 최적화시킨다면 좋은 효과를 볼 수 있을 것이다. 컴퓨터에 익숙하지 않은 초보자의 경우, 워드프레스 전문가에게 도움을 요청하여 아래의 체크리스트를 가능한 많이 완료하는 것을 추천한다.

온라인 마케팅과 검색 엔진 최적화 작업 진행을 위해서는 일정한 시간이 소요된다. 아래의 체크리스트를 완료했다고 하더라도 검색 엔진에 노출되고 순위가 오르는 데 몇 주 또는 달의 시간이 요구된다. 직접 프로젝트를 진행해보면 알겠지만, 생각보다 눈에 보이는 결과가 더뎌 마음이 조급해지는 것을 느낄 것이다. 그래서 조급해지는 마음을 잘 다스리는 연습이 무엇보다 필요하다. 또한, 꾸준한 웹 사이트 관리가 요구된다. 아래의 체크리스트의 기준은 워드프레스로 웹 사이트를 제작하였을 때를 기준으로 한 것이다.

▌On-Page SEO Checklist

- ☐ 구글 계정 만들기
- ☐ 검색에 유리한 도메인 구매(https://)
  - ☐ 웹 호스팅 업체 선정
  - ☐ 카페 24
  - ☐ 가비아
  - ☐ 해외 웹 호스팅
- ☐ 검색 엔진에 최적화된 워드프레스 테마 설치
  - ☐ 무료 테마 설치(반응형 모바일)
  - ☐ 유료 테마 설치 및 구매(반응형 모바일)
- ☐ 플러그인 설치
  - ☐ Yoast SEO 플러그인 설치
  - ☐ WP Statistics 플러그인 설치
  - ☐ Redirection 플러그인 설치
  - ☐ Wordfence 플러그인 설치
  - ☐ Cookie/Cache 플러그인 설치
- ☐ 페이지마다 메타데이터 작성
  - ☐ Meta Title
  - ☐ Meta Description
  - ☐ Meta Tag
- ▌ URL 업데이트
  - ☐ 각 페이지의 Permalink 업데이트
  - ☐ 깨진 링크(Broken links) 업데이트

- [ ] 검색 엔진 노출을 위한 키워드 리서치(Google Keyword Planner)
    - [ ] 숏테일 키워드(Short-Tail Keyword) 리서치
    - [ ] 롱테일 키워드(Long-Tail Keyword) 리서치
- [ ] 구글 써치 콘솔(Search Console- Webmaster Tool) 등록
    - [ ] 사이트 맵(Sitemap)
        - [ ] 사이트 맵 생성
        - [ ] 사이트 맵 제출
        - [ ] robots.txt 업데이트
- [ ] 500자 이상 양질의 콘텐츠(Content) 작성
    - [ ] 〈H1〉〈/H1〉 | 〈H2〉〈/H2〉 | 〈H3〉〈/H3〉 사용
    - [ ] Bold Text | Italic Text 사용
    - [ ] 앵커 텍스트(Anchor Text) 사용
    - [ ] 이미지 최적화(Alt 테크 사용)
    - [ ] 비디오 최적화
    - [ ] 콘텐츠 맞춤법&영문법 스펠링 오류 수정
- [ ] 메뉴 최적화
    - [ ] 상위 메뉴 최적화
    - [ ] 푸터 메뉴 최적화
- [ ] 위젯 사용
- [ ] 파비콘(Favicon) 업로드
- [ ] 구글 애널리틱스(Google Analytics) 등록
- [ ] 소셜 미디어 연동(페이스북, 인스타그램, 트위터, 핀터레스트)
- [ ] 웹 사이트 스피드 향상
- [ ] 게스트 포스팅(Guest Posting) 공간 만들기(선택)

03
웹 사이트 내부 최적화
(구글 순위가 껑충 뛰는 비법)

　　✎ 인터넷 쇼핑몰 웹 사이트를 제작한 당신. 쇼피파이(Shopify)를 사용했든, 워드프레스의 우커머스(WooCommerce)를 사용했든 간에 상관없이 웹 사이트를 제작했다고 하여 자동으로 웹 트래픽(Visitor: 방문자)이 유입되지는 않는다. 웹 사이트를 제작하고 아무런 행동도 취하지 않는다면 돈만 먹는 무용지물이요, 결국은 오프라인에서 발품을 해야 한다. 그럼 어떻게 해야 웹 사이트의 방문자 수를 늘리고 구글과 같은 검색 엔진에서 상위 노출을 할 수 있을까?

Search Engine Results Page(SERP)라는 전문 용어가 있다. 사용자가 검색을 위해 사용한 키워드에 대해 검색 엔진이 응답하여 검색 결과 목록에 보여주는 페이지를 말한다. SERP에서 상위에 노출되기 위해 많은 업체가 마케팅 회사에 문의하여 SEO 온라인 마케팅을 진행한다. 이때, SERP에 대한 구글과 네이버의 접근 방식이 상반된다.

구글 vs 네이버

구글은 검색 엔진이기 때문에 아티클(Article: 글/포스팅)의 정보성과 유용성을 판단하여 퀄리티 높은 아티클을 사용자에게 순서대로 보여주는 것에 반해, 네이버에서는 완벽하게 최적화된 웹 사이트를 소유하고 있더라도 Organic SEO 작업 자체가 불가능하다. '불가능'이라고 말하기보단 '할 수 없다'가 맞는 말일 것이다.

왜냐하면, 네이버는 네이버 중심의 콘텐츠 위주로 사용자들에게 정보를 전달해 주기 때문이다. 하지만 근래에 들어서 네이버는 검색엔진으로서의 도약을 위해 다양한 시도를 하는 것으로 보인다.

이러한 이유로 이 책에서 언급된 검색 엔진 내부 최적화는 해외 검색엔진인 구글(Google)과 빙(Bing)을 대상으로 작성한 것으로, 네이버를 염두에 두지 않았음을 알려드린다.

검색 엔진 상위에 노출되기 위해서는 웹 사이트 내부 최적화와 외부 최적화가 균형 있게 잘 진행이 되어야 한다. 내부 최적화란, 검색 엔진이 요구하는 최적화 조건을 웹 사이트 내부에서 진행하는 것이다. 예를 들어 파비콘(Favicon) 업로드, 다이내믹 Permalinks 세팅 등이 있고, 외부 최적화란 웹 사이트 밖의 공간에서 검색 엔진이 중요시하는 최적화 작업(예: 백링크 Backlink)을 오가닉&인위적인 방법으로 진행하는 것을 말한다.

내부 최적화가 더 중요하다고 강조하는 사람이 있고, 외부 최적화가 더 중요하다고 말하는 사람이 있으며, 어떤 전문가는 50:50으로 둘 다 중요하다고 주장하는 사람도 있는데, 그것은 개인의 경험과 지식에 따라 다른 것이므로 이에 대한 정답은 없다.

필자의 경우, 내부 최적화와 외부 최적화는 70:30이라고 생각한다. 내부 최적화만 진행을 잘해도 구글 페이지 1~2페이지에 기본적으로 안착할 수 있는 경험을 많이 했기 때문이다.

키워드 경쟁(Keyword Competition)이 센 경우, 내부 최적화만 진행해서는 절대 구글 1페이지 상단에 노출을 시킬 수 없다. 어느 정도 구글 상위 페이지에 노출되면 그때부터는 외부 최적화를 함께 진행하면 되는데, 이것 역시 정해진 답은 없다. 어떤 SEO 전문가는 내부 최적화와 외부 최적화를 동시에 진행하고, 어떤 이는 외부 최적화를 먼저 진행하고 내부 최적화를 하는 사람도 있고, 필자처럼 내부 최적화를 어느 정도 마친 상태에서 외부 최적화를 진행하는 사람도 있으니, 자기의 스타일에 맞게 진행하면 된다.

필자는 보통 내부 최적화를 70~80% 진행한 뒤 외부 최적화를 진행하는데, 여기에는 나름의 이유가 있다. 내부 최적화 작업 시에 URL 주소가 상당히 많이 바뀌기 때문에 많은 페이지를 301·302 리다이렉션을 하고, 어떤 경우에는 404 에러 페이지를 마주해야 했던 경험이 많기 때문에 내부 최적화가 어느 정도 마무리가 되고, URL 주소가 변경될 확률이 낮다고 판단한 시점에서 외부 최적화를 진행하여 효과적인 결과를 볼 수 있었기 때문이다.

효과적인 검색 엔진 노출을 위해서 진행해야 하는 웹 사이트 내부 최적화 작업에는 어떤 것이 있을까? 정말 많은 다양한 요소가 있는데 여기서는 중요한 것 몇 개만 여기에서 다루도록 하겠다.

1. 판매 잘되는 도메인(URL) 주소 선정하는 방법
2. 이미지 검색 엔진 최적화
3. 상위 메뉴 검색 엔진 최적화
4. 푸터(Footer) 검색 엔진 최적화
5. 메타 정보(Metadata) 검색 엔진 최적화
6. 앵커 텍스트(Anchor Text) 검색 엔진 최적화
7. 위젯(Widget)의 활용
8. 검색 엔진에 사이트 맵 제출

판매 잘되는 도메인(URL) 주소 선정하는 방법

도메인 주소는 당신의 온라인 비즈니스/창업에 중요한 영향을 미친다. 좋은 도메인을 구매하는 방법에는 2가지가 있다.

1. 독자적인 브랜드를 추구하기 위해 브랜드 이름으로 도메인을 구입
2. 검색에 사용되는 중요한 키워드를 도메인 주소에 사용

자신만의 브랜드로 온라인 창업을 할 경우에는 비즈니스가 안정권에 들 때까지 도메인과 비즈니스를 알리는 데 그 과정이 쉽지 않으며 많은 시간과 비용이 든다.

반면에, 온라인상에서 자주 많이 사용되는 중요한 키워드를 사용하여 도메인 주소에 포함시킨다면 검색 엔진은 키워드가 포함된 도메인을 우선으로 상단에 노출시켜 준다. 좋은 도메인 선정은 이렇게 키워드와 중요한 연관성이 있으니, 충분한 키워드 리서치를 한 후 도메인을 구매하도록 한다.

이미지 검색 엔진 최적화

과거에 비해 이미지 검색으로 웹 사이트에 방문하는 웹 트래픽이 많이 발생하고 증가하고 있다. 필자의 경우에도 이미지 검색으로 필요한 정보를 많이 찾고 있는데, 단 한명의 방문자(웹 트래픽 Web Traffic)라도 놓치고 싶지 않다면 이미지 검색 엔진 최적화를 진행하는 것을 적극적으로 추천한다.

대부분의 인터넷 브라우저는 JPEG, GIF, PNG, BMP 등의 다양한 형식의 이미지 파일 포맷을 허용한다. 그중에서 일반인들이 가장 많이 사용하는 형태의 이미지 파일 형식은 JPEG, PNG, GIF이다. 이미지의 용량은 웹 사이트 로딩 속도에 큰 영향을 끼치기 때문에 적재적소에 잘 사용해야 한다. 각 포맷의 특징을 한번 살펴보면 다음과 같다.

- **JPEG:** 제이펙(Joint Photographic Experts Group)의 줄임말로, 손실 압축 형식이지만 파일 크기가 작기 때문에 웹에서 널리 쓰인다. 압축률을 높이면 파일 크기는 작아지지만, 이미지 품질은 더욱 떨어진다.[2]
- **PNG:** PNG는 포터블 네트워크 그래픽스(Portable Network Graphics)의 줄임말로, 특허 문제가 얽힌 GIF 포맷의 문제를 해결하고 개선하기 위해서 고안되었다.[3]
  이미지의 퀄리티가 높지만, 파일의 용량이 크기 때문에 웹에서 사용할 경우 웹 사이트의 로딩 속도를 지연시킬 수 있다.
- **GIF:** 그래픽 인터체인지 포맷(Graphics Interchange Format)의 줄임말로, 최대 256색까지 저장할 수 있는 비손실 압축 형식이다. 움직이는 형태의 이미지로 JPEG보다 퀄리티가 떨어진다.[4]

그럼 이미지 최적화는 어떻게 하는 것일까? 아래의 예를 들어보겠다.

📕 **〈잘못 최적화된 이미지 파일〉**

- 〈img src="IMG20200904.jpg"/〉
- 〈img src="IMG20200904.jpg" alt="구글 검색 엔진 최적화 구글 검색 엔진 최적화 구글 검색 엔진 최적화 구글 검색 엔진 최적화"/〉

첫 번째 예의 경우, 아무런 정보가 포함되지 않은 이미지 파일로는 웹 트래픽을 발생시킬 수 없다. 그 누구도 키워드 'IMG20200904'를

2_ Wikipedia, JPEG <https://ko.wikipedia.org/wiki/JPEG>.
3_ Wikipedia, PNG <https://ko.wikipedia.org/wiki/PNG>.
4_ Wikipedia, GIF <https://ko.wikipedia.org/wiki/GIF>.

사용하여 정보를 찾을 사람이 없기 때문이다.

또한, 명심해야 할 것은 이미지는 문맥에 맞게 사용해야 하고 콘텐츠와 상관없는 내용으로 키워드를 남용하면 구글로부터 페널티(Penalty)를 받을 수도 있다. 왜냐하면 당신이 모르고 하는 행동이 바로 구글에서 금지하는 키워드 스터핑(Keyword Stuffing)이라는 불법 행위이기 때문이다. 이러한 불법 행위(?)를 하더라도 법적으로 책임을 져야 하는 것은 아니다. 단지 페널티가 부과되면 웹 사이트가 구글에 노출되지 않는다거나 하는 제재를 받는 것뿐이지만, 이러한 결과로 매출이 줄어든다거나 수익을 창출할 수 없게 되니 별일이 아니라고 생각할 수 없는 문제이다.

〈올바르게 최적화된 이미지 파일〉

- 〈img src="image.jpg" alt="how to optimize images for Google"/〉
- 〈img src="image-optimization.jpg" alt="이미지 최적화하는 방법"/〉

이미지 파일의 이름은 문맥과 관련되고 간결하면서도 중요한 키워드를 포함하고 있어야 한다. 그리고 Alt Tag(태그) 기능을 잘 사용을 해야 하는데, 이유는 웹 사이트에 에러가 나서 이미지를 로딩할 수 없는 경우에는 Alt 태그를 통해 정보를 수집해 갈 수 있기 때문에, 귀찮더라도 Alt 태그 안의 Description을 잘 활용해야 한다.

상위 메뉴 검색 엔진 최적화

많은 사람들이 웹 사이트를 제작할 때 잘못 이해하고 있는 콘셉트 중의 하나가 바로, 웹 사이트는 메인 메뉴 1개로도 충분히 인덱스(노출)가 된다는 것이다. 과거 검색 엔진 최적화에 대한 개념이 생겨나기 이전에는 메뉴의 중요성을 인지하지 못하여 일반적으로 메뉴를 1개만 사용했다. 하지만 워드프레스의 경우 1개 이상의 메뉴를 사용하기를 권장하고 있고, 테마의 종류와 성향에 따라 메뉴의 개수와 설정이 다르다. 일반적으로, 아래와 같이 3가지의 메뉴를 설정할 수 있다.

- 상단 메뉴(Top Menu: 최상단에 위치)
- 메인 메뉴(Primary Menu)
- 하단 메뉴(Footer Menu: 최하단에 위치)

그리고 이 메뉴들을 효율적으로 잘 활용을 한다면 구글 검색 엔진 최적화에 유리하게 작용한다. 검색 봇들이 웹 사이트에 방문하면 상위 메뉴를 통해 해당 페이지를 방문하여 필요한 정보들을 수집해 가기 때문에 메뉴 타이틀은 사전에 충분한 키워드 검색과 분석을 바탕으로 잘 만들어야 한다.

푸터(Footer) 검색 엔진 최적화

많은 사람들이 웹 사이트 하단에 위치한 푸터 메뉴의 중요성을 잘 인지하고 있지 못하는 듯하다. 푸터 메뉴 역시 상위 메뉴처럼 검색 엔진에 큰 영향을 미치는 요소 중의 하나이다. 일반적으로 푸터에는 회사의 정보와 불필요한(?) 정보들이 들어가 있는 것을 많이 볼 수 있는데, 푸터에는 중요한 키워드가 배치되어야 한다. 그리고 그 키워드들은 앵커 텍스트 기능을 사용하여 활성화시켜야 내부 최적화의 효과를 볼 수 있다.

앞서 워드프레스로 웹 사이트를 제작하면 Yoast SEO 플러그인의 설치를 추천한다고 언급했다. 이때 몇 가지 전문 용어에 대한 개념을 이해해야 하는데, 컴퓨터에 친숙하지 않은 온라인 창업 입문자들이 이러한 용어를 처음 접할 때 그 개념이 생소하여 한 번에 이해가 가지 않을 수 있다. 앞서 언급된 검색 엔진 최적화 작업 시 알아야 할 필수 용어 정리를 다시 한번 읽어보길 권유한다.

메타데이터(Meta Title, Meta Description, Meta Tag) 검색 엔진 최적화

웹 사이트를 검색 엔진에 노출시키기 위해서는 메타 정보를 반드시 작성해야 한다. 구글은 온라인 마케팅 입문자들을 위해 메타데이터 작성하는 방법을 가이드라인을 통해서 자세하게 설명해주고 있다.[5] 메타데이터는 다음의 정보들을 포함한다.

- Meta Title
- Meta Description
- Meta Tag

---

[5] Google, Search Engine Optimization(SEO) Starter Guide <https://support.google.com/webmasters/answer/7451184?hl=en>.

메타 정보를 반드시 입력해야 한다고 말했지만, 입력하지 않는다고 해서 큰일이 나는 것은 아니다. 메타 정보가 비어있으면 구글이 자기 임의대로 정보를 사용자에게 제공하기 때문이다. 원하는 정보를 제공할 순 없지만, 노출되지 않는 것은 아니다. 웹 트래픽의 증가, 즉 방문자 수를 늘리고 싶다면 자신이 타깃으로 하는 사용자들이 매력적인 타이틀과 설명을 보고 웹 사이트로 방문할 수 있게 유도해야 하기 때문에 메타데이터의 최적화는 중요한 역할을 하는 것이다.

요스트 SEO 플러그인을 설치 후 새로운 Post나 Page를 생성하면 페이지 중간 부분에 아래 이미지와 같은 부분을 발견할 수 있다.

이미지 출처: @Yoast SEO

SEO title에는 검색엔진에 노출될 타이틀(제목)을 기입하고, Meta description에는 중요한 키워드를 사용하여 매력적인 설명을 기입하면 된다. 이때 글자 수의 제한이 있으므로 가능한 많은 정보를 담으려고 하기보다는 사용자가 원하는 중요한 키워드를 포함해 간결하게 작성해야 한다. 메타 타이틀의 경우 70~80자를 유지해야 하고, 메타 디스크립션의 경우 100~160자를 유지해야 한다.

정보를 기입할 때, 검색 엔진이 요구하는 메타 타이틀과 디스크립션의 길이를 맞춰야 하는데, 그 길이가 짧으면 아래에 보이는 것과 같이 주황색 바가 뜬다. 최적화가 제대로 되지 않았다는 말이다.

검색 엔진이 요구하는 길이에 맞추면 아래와 같은 초록색 바가 뜬다. 최적화가 올바르게 되었다는 말이다.

그런데 자세히 보면 알겠지만, SEO title, slug, meta description 을 삽입하는 난은 있는데, meta tag(메타 태그)를 입력하는 난이 없다? 분명히 메타 태그도 최적화라는 말을 들었는데…. 그럼 어떻게 어디서 하지? 궁금할 것이다. 당황하지 말고 페이지의 이곳저곳을 잘 살펴보면 페이지 오른편 중간 지점에 Tags라는 것이 보인다. 이곳에다가 태그를 작성하면 되는데, 반드시 콘텐츠와 관련된 태그를 사용하는 것을 권유한다. 1,000자가량의 글을 '요리'에 관하여 썼는데, '가구'에 관련된 태그를 사용한다면?

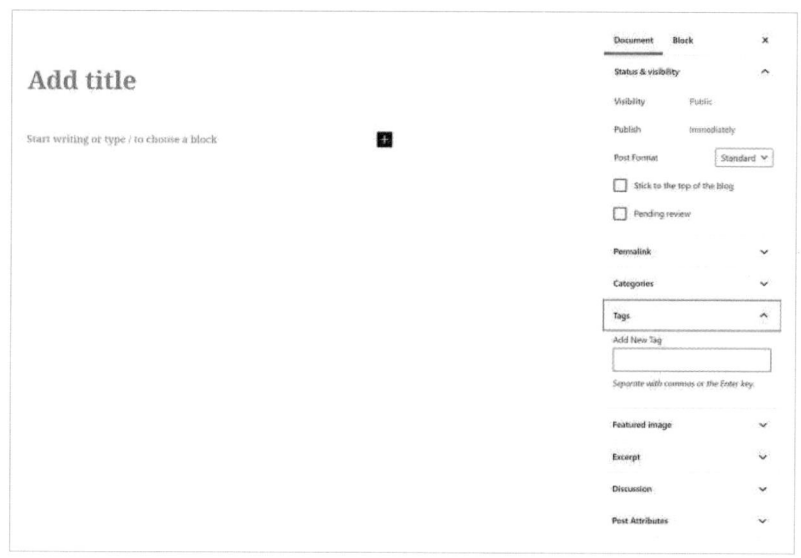

이렇게 최적화를 마치면 Preview(미리 보기) 기능을 통해 어떤 형식으로 노출되는지 확인할 수 있다. 아래는 데스크톱에서 볼 수 있는 검색 결과이다.

위의 이미지에서 "슬러그-설정은-선택입니다."라는 주소를 볼 수 있는데, 필자는 Yoast SEO의 슬러그 기능을 사용하지 않는다. 왜냐하면 기존의 URL 주소를 Override(덮어쓰기) 하기 때문에, 이 기능을 사용하기보다는 기본적으로 생성되는 URL을 커스텀 맞춤으로 바꾸는 것을 선호한다. 무엇이든 인위적으로 바꾸는 것보다는 원래 그대로의 것을 유지하는 것이 좋다.

앵커 텍스트(Anchor Text) 검색 엔진 최적화

검색 엔진 최적화(SEO)를 위해서 양질의 콘텐츠를 작성하고 발행해야 하는데, 양질의 콘텐츠를 만들어 내기 위해서는 많은 양의 정보와 키워드 리서치가 선행이 되어야만 가능하고 콘텐츠를 정리하는 과정에서 앵커 텍스트의 사용은 검색 엔진 최적화에 중요한 역할을 하는 것이다.

이때, 콘텐츠의 길이에 따라 앵커 텍스트의 사용량이 다르겠지만, 1개의 콘텐츠의 길이가 500자라고 가정한다면 문단을 4~5개 정도를 유지하고 외부로 빠지는 external link(외부 링크)보다는 internal link(내부 링크)를 사용하는 것이 좋다. 물론, 필요하다면 external link를 사용해야 하겠다.

앵커 텍스트의 예를 간단히 들어보겠다.

- 구글 검색 엔진의 역사는 **여기를 클릭하세요**
- 서울의 맛집 리스트를 확인하려면 여기를 **클릭** 하세요!

예문에서 본 것처럼, 단어 '여기'와 '클릭'을 클릭하면 다른 페이지로 이동하는데, 이것을 앵커 텍스트를 사용했다고 말한다. 과거에는 수동으로 앵커 텍스트를 걸었지만, 요즘에는 코딩을 몰라도 몇 번의 클릭만으로 쉽게 앵커 텍스트를 설정할 수 있기 때문에 최적화를 좀 더 쉽게 진행할 수 있다.

앵커 텍스트를 올바르게 사용하기 위해서는 키워드를 선정하는 방법과 콘텐츠를 작성하는 방법을 잘 알고 이해해야 한다. 앵커 텍스트를 남발하여 사용하면 검색 엔진은 그 글을 스팸 글로 간주하기 때문에 적재적소에 사용할 줄 아는 능력을 키워야 한다.

아직도 뇌리에 박힌 웹 페이지가 하나 있다. CMS 플랫폼이 막 소개된 초창기였는데 아마도 2004년(?) 정도였던 걸로 기억을 한다. 어떤 마케팅 업체가 워드프레스를 사용하여 1페이지의 웹 페이지를 만들었다. 그 페이지에서는 어떠한 내용도 없었고, 대략 키워드 100개 정도를 사용하여 앵커 텍스트 기능을 사용하여 상위 노출시키고자 하는 웹 사이트로 outbound 시키는 것이었다.[6] 이해를 돕기 위해 아래의 예를 한번 보길 바란다.

구글 검색 엔진 최적화, 구글 최적화, SEO, 온라인 쇼핑몰 온라인 창업, 온라인 부업, 재택 부업, 재택근무, 포스트 코로나, 코로나 창업, 돈 벌기, 인터넷으로 돈 벌기, 웹 사이트 최적화, 웹 사이트 외부 최적화, 내부 최적화, 디지털 마케팅, 온라인 마케팅 업체, 부업, 창업, 쇼핑몰 창업, 워드프레스, 워드프레스 교육, 워드프레스 과외, 빙 최적화, 재테크, 재테크 부업, 워드프레스 블로그, 바이럴 마케팅, 리퍼럴 마케팅, 워드프레스 만들기, 워드프레스 제작하기, 블로그 마케팅, 재택 부업, 알바, seo 전문가, 티스토리 가입, 워드프레스 홈페이지 제작, 인터넷 쇼핑몰 창업 방법, 부업 실패, 워드프레스 무료, 스퀘어 스페이스, 위블리, 드루팔, 줌라, squarespace, 구글 검색 엔진 최적화, 구글 최적화, SEO, 온라인 쇼핑몰 온라인 창업, 온라인 부업, 재택부업, 재택근무, 포스트 코로나, 코로나 창업, 돈 벌기, 인터넷으로 돈 벌기, 웹 사이트 최적화, 웹 사이트 외부 최적화, 내부 최적화, 디지털 마케팅, 온라인 마케팅 업체, 부업, 창업, 쇼핑몰 창업, 워드프레스, 워드프레스 교육, 워드프레스 과외, 빙 최적화, 재테크

6_ 웹 사이트로 웹 트래픽이 유입이 되는 링크를 inbound link라고 하고, 다른 웹 사이트로 빠져나가는 링크를 outbound link라 한다.

이런 식이었다. 이런 퀄리티가 떨어지는 백링크(Backlink)는 구글 순위에 아무런 도움이 되지 않으니 시도조차도 하지 말자. 구글의 IQ는 당신이 생각하는 것보다 높다.

위젯(Widget)의 활용

어떤 전문가는 위젯의 사용이 검색 엔진 최적화에 불리하다고 한다. 워드프레스 위젯을 사용하면 검색 엔진 최적화에 좋지 않은 영향을 끼칠까? 워드프레스에서 위젯은 웹 사이트 왼편 또는 오른편 사이드 바에 위치하는데, 잘만 사용한다면 검색 엔진 최적화 효과를 상승시킨다. 웹 사이트가 허전해 보여서? 어떤 위젯을 사용해야 할지 몰라 공간을 낭비하고 있다면 효율적으로 사용하는 방법을 알아보자.

워드프레스에서 위젯 설치는 아주 간단하다. 아래의 이미지를 보면 알겠지만, 왼편에 있는 Available Widgets의 최신 글, 소셜미디어, 유튜브 동영상 등, 원하는 위젯을 간단한 드래그(drag)&드롭(drop)만으로 오른편으로 이동을 시킴으로써, 단 5초 만에도 위젯을 설치할 수 있다. 예전에는 일일이 코딩으로 다 해야 했는데, 이제는 그럴 필요가 전혀 없다.

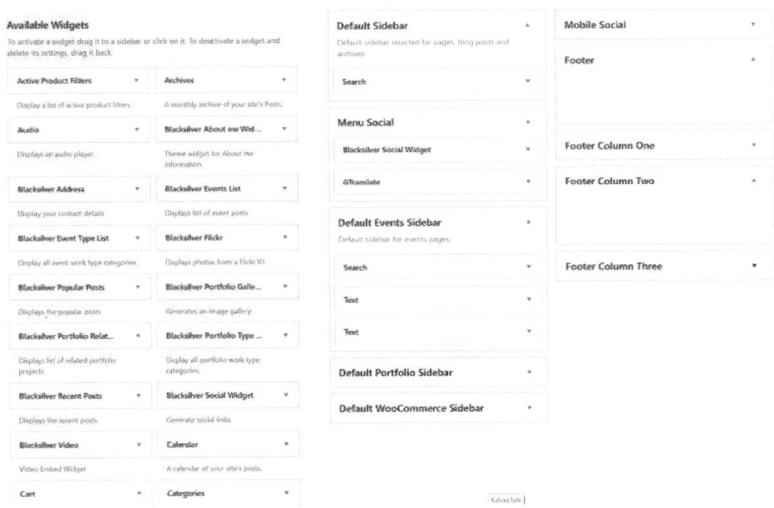

　구글봇(Crawler)이 나의 웹 사이트에 들어왔을 때, 웹 사이트 내 다른 페이지로 빠져나갈 수 있는 길을 위젯을 통해 만들어 준다고 생각하면 된다. 쉽게 말해, 로봇이 나의 웹 사이트에 정보를 수집하러 들어왔을 때 막히는 곳이 없고, 즉 404 에러 페이지가 존재하지 않고, 링크를 타고 다른 페이지로 이동하고, 그곳에서 링크를 타고 또 다른 페이지로 이동하게 하여, 마치 나가는 길을 찾기 어렵게 만들어 놓은 미로처럼 말이다. 기존에 만들어 놓은 위젯을 그대로 사용해도 되고, 코딩 실력이 있다면 맞춤형 위젯을 만들어도 된다.

　이때, 명심할 것은 글로벌 위젯(Global Widget)을 사용하여 모든 페이지에 중복된 콘텐츠를 설치하는 것보다 페이지에 맞는 맞춤형 콘텐츠를 제작하여 설치하도록 한다면 검색 엔진 최적화에 더욱 유리할 것이다.

04
영어를 몰라도 영문 콘텐츠 작성하는 방법

✍ 해외 창업을 목표로 인터넷 쇼핑몰 웹 사이트 제작을 결정했다면 영문으로 제작할지, 한글로 제작할지 고민할 것이다. 외주를 통해서 웹 사이트를 제작할 경우, 번역 기능의 추가 여부에 따라 웹 사이트 제작 시 추가 비용이 들 수 있다.

과거 CMS 플랫폼이 소개되기 전까지는 사람이 직접 번역을 해야 했지만, 다양한 콘텐츠 관리 시스템과 다국어 플러그인의 등장으로 이제는 다국어 사이트 구현에 관한 고민은 하지 않아도 된다. 한 번의 클릭만으로도 번역 플러그인을 설치하여 다국어 서비스를 제공할 수 있기 때문이다.

특히, 쇼피파이(Shopify)와 우커머스(WooCommerce)와 같은 전자상거래 플랫폼을 이용한 해외 판매를 생각한다면 다국어 서비스는 선택이 아닌 필수이다. 아래는 많이 사용되고 있는 워드프레스 번역 플러그인에 대해 정리해 보았다.

Loco Translate 다국어 플러그인

https://wordpress.org/plugins/loco-translate/

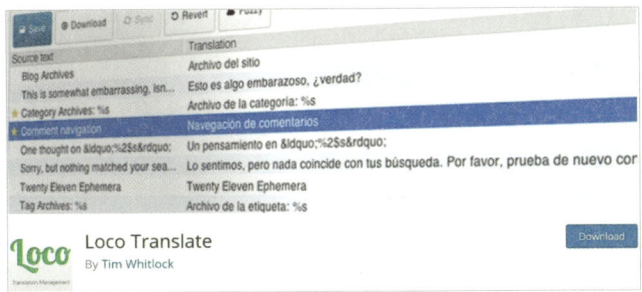

Loco Translate는 런던에 사는 웹 개발자가 제작한 워드프레스 무료 번역 플러그인이다. 현재 100만 개의 워드프레스 웹 사이트가 이 플러그인을 설치하여 사용하고 있는 인기 있는 플러그인이다.

이 플러그인을 사용하면 관리자 페이지에서 쉽게 번역을 할 수 있고, 아래 이미지에서 보이는 것처럼 현재의 번역 상황을 확인할 수 있다는 장점이 있다. 수동 번역을 해야 하므로 많은 노력과 시간이 걸린다는 단점이 있지만, 번역 정확도를 높일 수 있어서 웹 페이지 제작 수가 적고 정확한 정보 제공을 원한다면 이 플러그인을 사용하면 된다.

하지만, 온라인 창업 초창기에는 제품을 올리는 데에 많은 노력과 시간이 필요하므로 시간을 잘 배분하여 번역작업에 착수하는 것이 좋다.

이렇게 워드프레스에서는 많은 웹 프로그래머 혹은 웹 개발자들이 자발적으로 플러그인을 제작하여 유료 및 무료로 사용자들에게 배포하고 있다. 필자는 무료 플러그인을 사용하는 경우, 많은 금액은 아니지만, 감사의 마음을 표현하기 위해 소정의 금액을 기부하고 있다. 기부가 필수는 아니지만, 무료 플러그인을 제작하고 유지하는 웹 개발자에게 최소한의 성의를 표현하는 습관을 들이면 좋을 것 같다는 생각이 든다.

Language	Translation progress		Pending	File info
✕ Korean		0%	412	ko_KR.po

Transposh Wordpress Translation 다국어 플러그인
https://wordpress.org/plugins/transposh-translation-filter-for-wordpress/

Transposh 번역 플러그인은 현재까지 10,000+ 워드프레스 웹 사이트에 설치되어 사용하고 있고 자동 번역과 수동 번역이 가능하다. Loco Translate 플러그인보다 설치와 사용이 간편해서 컴퓨터에 익숙하지 않은 온라인 창업 초보자가 사용하면 좋다. 웹 프로그래밍 언어가 필요 없이 한 번의 간단한 클릭만으로 플러그인을 설치할 수 있다는 장점이 있다.

설치 후에는 원하는 번역어를 선택하여 위젯에 드래그 & 드롭을 하면 되는데, 이 플러그인을 설치하기까지 단 5분이면 충분히 다국어 웹 사이트를 제작할 수 있다. 이 플러그인의 가장 큰 장점은, 자동 번역으로 인해 자연스럽지 못한 번역 결과물을 웹 사이트 방문자가 직접 번역을 수정할 수도 있다는 것이다.

Google Website Translator 다국어 플러그인
https://wordpress.org/plugins/google-website-translator/

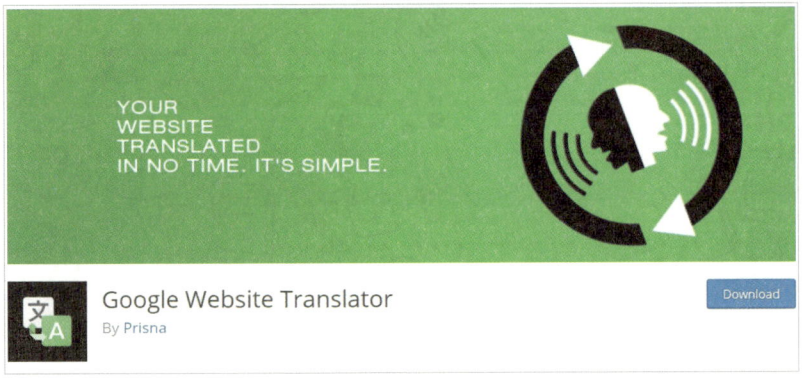

Google Website Translator 플러그인은 홍콩의 Prisna Ltd에서 개발한 플러그인으로 이용자의 만족도는 4.5/5로 꽤 높은 편이며, 현재 10,000+의 워드프레스 웹 사이트가 이 플러그인을 사용하고 있

다. Transposh 번역 플러그인처럼 몇 번의 클릭만으로 5분 안에 설치할 수 있다. 현존하는 대부분 언어를 번역할 수 있는 큰 장점이 있지만, 번역된 언어에 대하여 고유 주소가 생성되지 않으므로 번역된 결과물이 검색엔진에 노출되지 않아 검색엔진 최적화에는 도움이 되지 않는다. 번역된 언어로 검색엔진에 노출시키고 싶다면 GTranslate과 같은 유료 번역 플러그인을 사용해야 한다.

Polylang 다국어 플러그인

https://wordpress.org/plugins/polylang/

Polylang 번역 플러그인은 현재 500,000+의 워드프레스 웹 사이트에 설치되어 사용되고 있는 인기 무료 번역 플러그인이다. Polylang의 이용자들의 만족도는 4.7/5로 높은 편이지만, 웹 사이트 로딩 시간을 지연시키는 단점이 있어 이 플러그인에 대한 피드백은 호불호가 갈리는 편이다.

인터넷 쇼핑몰을 운영할 예정이라면 Polylang 유료 버전을 사용하는 것을 권유하지만, 그 비용이 만만치 않다. 프로 버전의 경우 €99.00를, 비지니스 패키지의 경우 €139.00를 매년 지불해야 하기 때문이다. Polylang은 제품의 설명, 카테고리, 태그의 자동 번역을 비롯하여 이메일 발송 시 자국어 번역 기능을 제공한다.

	Polylang for WooCommerce	Polylang Business Pack
	99 €	139 €
Translate products, categories, tags, global attributes	✔	✔
Synchronize categories, tags, shipping classes, attributes, images, galleries, stocks across product translations	✔	✔
Duplicate a product and its translations in 1 click.	✔	✔
Send emails in customer's language	✔	✔
Synchronisation of the cart across domains	✘	✔
Translations can share the same slug in the URL	✘	✔
Translate slugs in URLS	✘	✔
Duplicate the content when creating a translation	✘	✔
Enable or disable languages	✘	✔
REST API Support	✘	✔
Additional integration with ACF Pro	✘	✔
Premium support	✔	✔

이미지 출처: @Polylang

Translate Wordpress With GTranslate 다국어 플러그인
https://wordpress.org/plugins/gtranslate/

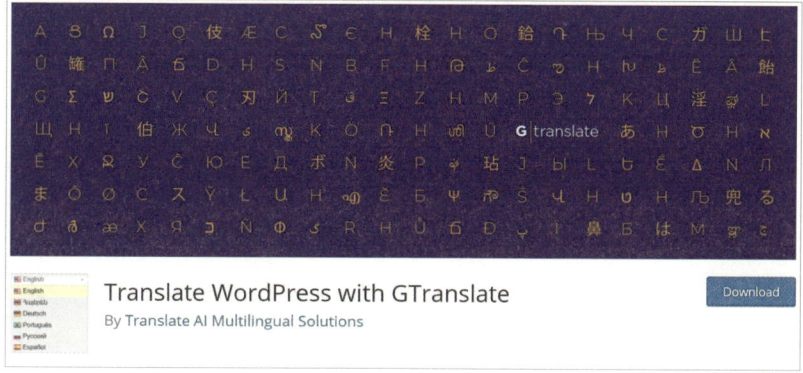

현재 200,000+의 워드프레스 웹 사이트에 설치된 GTranslate 번역 플러그인은 번역 결과물과 검색엔진 최적화의 결과물에 대한 사용자의 이용 만족도가 높은 번역 플러그인이다. 워드프레스 플랫폼만 아니라 쇼피파이와 같은 다른 온라인 플랫폼에도 설치가 가능하다.

GTranslate 번역 플러그인에는 무료 버전과 유료 버전이 있다. 무료 버전을 사용함으로 불편한 점은 없으나, 구글 검색엔진 색인 기능이 지원되지 않기 때문에 검색엔진에 번역된 언어로는 검색되지 않는다. 하지만, 유료 버전을 사용하게 되면 검색엔진에 색인이 되어 방문자 유입을 늘릴 수 있다.

유료 버전에는 4가지의 플랜이 있고(비용은 계속 오르고 있다.) 비용에 따라 제공되는 서비스가 다르다. 매달 $27.99의 비용을 지불해야 하는 비지니스 플랜을 사용해야지만 번역된 언어에 대한 고유 주소가 생성되어 검색에 유리하다.

WPML 다국어 플러그인

https://wpml.org/

쇼피파이(Shopify)나 우커머스(WooCommerce)와 같은 전자상거래 플랫폼을 이용하여 인터넷 쇼핑몰 창업을 하게 된다면 호환이 잘 되는

다국어 플러그인을 사용하는 것이 좋다. 요즘은 영어가 모국어가 아닌 국가에서도 영문으로 제작된 웹 사이트를 통해 제품을 구매하는 것이 보편화가 되어 있기 때문에 글로벌 판매를 생각하고 있다면 영문으로 제작하고 한국어 서비스는 다국어 플러그인을 통해서 제공하는 것이 바람직하다. 현존하는 우커머스 전자상거래 플랫폼에서 유명하고 인기가 많은 번역 플러그인이 있는데, 바로 WPML이다.

유료임에도 불구하고, 현재 400,000+ 이상의 CMS 웹 사이트가 WPML 다국어 번역 플러그인을 사용하고 있다. 다국어 사이트에서 가장 많이 사용되는 언어에는 영어, 스페인어, 불어, 네덜란드어, 독일어, 이탈리아어, 러시아어, 일본어 그리고 포르투갈어로 이 언어들은 기본적으로 활성화하는 것이 좋다.

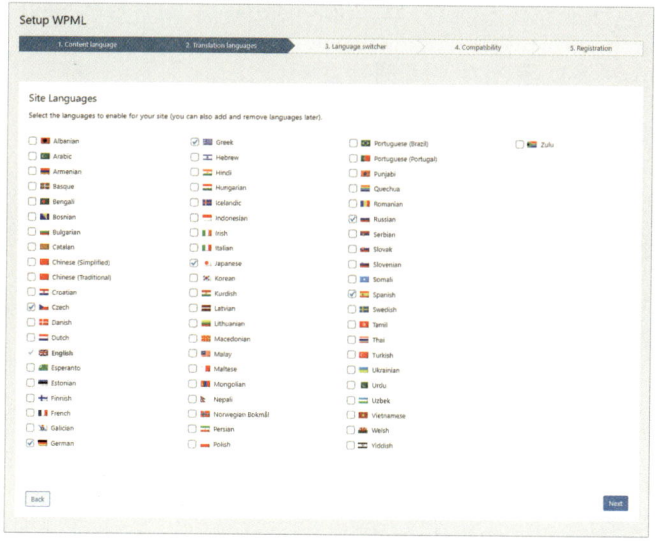

이미지 출처: @WPML

WPML 플러그인은 다른 번역 플러그인과 달리 유료이다. 다른 무료 다국어 플러그인들의 경우, 기능의 제한이 있고 무엇보다 웹 사이트 로딩 속도가 느려지는 큰 단점이 있다. 하지만 WPML 다국어 플러그인을 사용하면 이러한 단점들을 극복할 수 있어 재정적으로 큰 어려움이 없다면 바로 유료 버전을 사용하는 것도 좋은 방법이다.

WPML은 자동 번역 기능과 수동 번역 기능 둘 다를 제공하고 있기 때문에 자동 번역물의 결과에 만족하지 못할 때는 수동 번역으로 업데이트할 수 있다.

유료이기 때문에 사용이 망설여지는 것도 사실이기도 하지만, 유료이기 때문에 해외 검색엔진에 유리한 다양한 기능들을 제공하여 인터넷 쇼핑몰 창업 초창기에는 검색엔진 노출을 위해서 유료 버전을 사용하는 것도 웹 트래픽 증가에 도움이 된다. WPML 다국어 플러그인 이용료는 제공하는 플랜에 따라 다르며 가장 저렴한 가격은 $29이며(이용료는 계속 오르고 있다.), 꾸준한 업데이트와 서포트를 받기 위해서는, 매년 사용료를 정기 이체해야 한다.

물론, 비용에 대한 부담은 느끼겠지만, 콘텐츠 시스템의 플랫폼 버전은 계속 향상이 되기 때문에 그에 맞춰 플러그인도 업데이트되어야 보안이나 기능면에서 안전하게 온라인 비즈니스를 유지할 수 있다.

여건이 된다면 번역 플러그인들을 모두 설치하여 사용해보고 자신의 웹 사이트에 맞는 것을 선택하면 된다. 제각기 다른 특성이 있으므로 어떤 번역 플러그인이 '더 낫다'고 말은 할 수 없다.

수동 번역 플러그인의 경우, 직접 번역을 해야 하는 번거로움이 있지만, 번역의 정확성을 높일 수 있다. 반면에, Translate Wordpress with GTranslate와 같은 자동 번역 플러그인을 설치하면 물론 사람이 번역한 것만큼의 결과와 만족을 느끼지 못하지만, 막상 번역 결과물을 보면 기대 이상으로 만족스러울 것이다.

만약 국내보다 해외 마켓에 좀 더 중점을 둔다면, 필자는 영문으로 웹 사이트를 제작할 것을 권유한다. 아무래도 한글로 제작된 웹 사이트는 구글 검색 엔진 최적화 면에서 보자면 검색 엔진 최적화에 덜 친화적이기 때문이다.

물론, 한글로 제작해도 큰 문제가 되진 않는다. 한글로 웹 사이트를 제작할 경우 다국어 기능을 제공해 주는 번역 플러그인을 설치하면 된다. 자동 번역 플러그인을 직접 사용해 보면 알겠지만, 기대치가 높으면 번역 결과물에 실망할 수도 있다. 만약, 번역 비용을 아끼고 수고를 덜고 싶다면 귀찮더라도 구글 번역기를 사용하면 된다. 구글 번역기의 사용이 꺼려진다면 개인이나 업체에 번역을 맡겨보는 것을 고려해볼 수 있다.

아무리 번역비가 저렴해졌다고 하나, A4 용지 기준으로 비교적 쉬운 콘텐츠는 250~300자 기준으로 대략 5,000원 정도의 번역비가 든다.

검색 엔진 최적화를 위해 작성되는 글들은 최소 500자부터 2,000자까지 다양한데, 검색 엔진에 노출이 잘 되는 1개의 글을 쓰기 위해서는 대략 10,000원~20,000원의 비용이 소요된다. 특히, 온라인 창업 초반, 웹상에서 어느 정도 인지도를 올리기 위해서는 가능한 양질의 컨텐츠를 많이 작성하는 것이 좋은데, 콘텐츠 제작을 외주로 돌린다면 이에 상당히 큰 비용이 소비된다.

비용을 아끼기 위해 구글 번역기를 활용하면 1인 온라인 창업 시에 초기 자본을 아낄 수 있다. 하지만 문장이 너무 복합해지면 번역 정확도가 떨어지니 가능한 간결하고 짧게 한글로 작성하고, 구글 번역기를 사용하는 것을 권유한다. 아래의 예를 들어보겠다(참고로, 필자는 김미경 씨의 열혈 팬이다).

나는 김미경을 존경한다. 김미경은 100만 유튜브 구독자를 가지고 있다. 김미경은 유튜브 대학을 운영한다. 이름은 「MKYU」이다. 학교에서는 다양한 프로그램들을 제공한다. 연회비는 99,000원을 내면 온라인 캠퍼스를 즐길 수 있다. 김미경 씨는 책을 썼다. 책의 이름은 『리부트』이다. 아직 구매를 하지 못했는데, 꼭 한번 읽고 싶다.

I respect Mikyung Kim. Mikyung Kim has 1 million YouTube subscribers. Mikyung Kim runs YouTube University. The name is MKYU (http://mkyu.co.kr/index.asp). Schools offer a variety of programs. If you pay 99,000 won annual membership fee, you can enjoy the online campus. Kim Mi-kyung wrote a book. The name of the book is "Reboot". I haven't made a purchase yet, but I definitely want to read it.

나는 김미경을 존경한다. 유튜브 대학을 운영하고 있는 김미경 씨는 100만 구독자를 가지고 있고, 대학의 이름은 MKYU이다. 이 곳에서는 다양한 프로그램들을 제공하고 있는데, 이용을 위해서는 연 회비 99,000원을 지불하면 온라인 캠퍼스를 즐길 수 있다. 김미경 씨는 최근 『리부트』라는 책을 썼는데, 아쉽게도 아직 구매를 하지 못했지만, 꼭 한번 읽고 싶다.

I respect Mikyung Kim. Mikyung Kim, who runs YouTube University, has 1 million subscribers and the name of the university is MKYU (http://mkyu.co.kr/index.asp). This place offers a variety of programs, and you can enjoy the online campus by paying an annual membership fee of 99,000 won. Mikyung Kim recently wrote a book called "Reboot", and unfortunately, I haven't bought it yet, but I definitely want to read it once.

위의 예를 보면 알겠지만, 같은 내용이라도 문장의 구성에 따라 영어 번역의 결과가 조금씩은 달라진다는 것을 알 수 있다. 예를 들어, 2번째 예시에는 관계대명사 who가 사용되어 문장을 연결해주는데, 이런 고급 어휘를 사용한 영어 문장이 영어권 독자들이 읽기에 좀 더 자연스럽고 좋을 수는 있다. 하지만 비록 짧은 문장이라 할지라도 전달하고자 하는 메시지가 정확히 독자에게 전달될 수 있다면 구글 랭킹 순위에 관련해서는 큰 문제가 되지 않는다.

비록, 영문법의 에러가 보이기는 하나, 이 정도 수준의 글은 구글은 별문제 없이 번역할 수 있다. 10년 전과 비교하면 너무도 큰 발전이다. 왠지 모를 소름이 끼치는 이유는 뭘까? 포스트 코로나 이후에 급속도로 발전할 AI를 생각하면 아마 10년 안에는 영어의 필요성이 사라질 것 같다.

구글의 웹 마스터 분석자 John Mueller는 영문법의 오류는 구글 검색 엔진 최적화 SEO와는 큰 상관이 없다고 말했다. 영문법의 에러는 독자들에게 신뢰감을 주지 못하는 것이지, 구글 검색 순위와는 상관이 없다는 것이다(물론, 에러의 심각성에 따라 다르겠다). 예를 들어, "We is a good team."이라고 콘텐츠를 작성했고, 고객이 이 글을 본 순간 어떤 느낌이 들까? 프로페셔널하지 않다고 생각하여 업체에 문의를 하지 않을 것이다. 여기에서는 문법상 "We are a good team."이 맞는 문장이다. 이러한 이유로, 영문 콘텐츠는 문법 에러를 최소화하는 것이 좋다.

이제, 이전의 예보다 조금은 더 어려운 글을 구글이 어떻게 번역하는지 확인해보자.

스타강사이자 구독자 110만 명을 보유한 유튜브 채널 『김미경 TV』의 대표 김미경이 이 책에서 전하는 것은 포스트 코로나 시대를 살아가는 용기다. 그는 코로나 19 이후에는 모든 지식이 '제로 세팅' 된다며 앞으로 나올 신기술을 먼저 배우는 사람이 승자가 될 것이라고 주장한다. 그리고 어려운 디지털 기술에 지레 겁먹지 말라고 토닥인다.[7]

In this book, Kim Mi-kyung, the representative of the YouTube channel "Kim Mi-kyung TV," with 1.1 million subscribers and star

---

7 김승일, [리뷰] 디지털 신기술 절반으로 접어라 [김미경의 리부트] <https://www.reader-snews.com/news/articleView.html?idxno=99727>.

lecturer, conveys the courage to live in the post-corona era. He argues that after Corona 19, all knowledge will be 'zero-set', and that the person who first learns new technologies to come will be the winner. And he asks not to be intimidated by difficult digital technologies.

위의 예를 보면 알겠지만, 2개의 영문법 에러가 눈에 보인다. 일단, 구글 번역기는 김미경 씨가 남자인지 여자인지 모르기 때문에 'she'가 아닌 'he'를 사용했다. 그리고 한글을 그대로 번역하게 되니, 마지막 문장에는 등위 접속사 'and'를 문장의 처음에 위치시켰는데, 영문법 상 이런 등위 접속사의 경우 문장을 시작할 수가 없다. 하지만 이 정도의 번역 결과는 한글 문장을 있는 그대로 잘 번역했고, 꽤나 만족스럽다. 굳이 점수를 주자면 95점(?) 정도가 아닐까 생각이 된다.

다음, 이전의 예보다 조금 더 어려운 글을 구글이 어떻게 번역하는지 확인해보도록 하겠다.

이 불행이 나한테 주는 선물이 있을까? 여러분, 모든 불행은요 반드시 방향을 2개 갖고 와요. 하나는 이것 때문에 잘못될 방향, 아니면 이것 때문에 한 단계 도약할 방향을 반드시 갖고 온다는 생각이 들어요. 그것들 고대로 적용시켜서 우리 아들한테도 얘기했거든요. 자퇴했을 때. **꺾인 나뭇가지는 반드시 다른 방향을 가리킨다. 그러니까 꺾인 자리에서 놀라지 말고 다른 방향으로 가봐.** 자퇴했다는 건 네가 문제가 있

다는 게 아니라 다른 방향으로 살아보라는 메시지야.⁸

Is there any gift for me for this misfortune? Everyone, all misfortunes must bring two directions. One is that I think I must bring a direction that will go wrong because of this, or that I will take a leap forward because of this. I applied them in antiquity and told my son. When you drop out. The bent branches must point in different directions. So, don't be surprised in a bad spot, go in the other direction. If you drop out, it doesn't mean you have a problem, it's a message to live in a different direction.

이 정도의 번역 결과에 정말 놀랍지 않을 수 없다! 단지, 단어 '고대로(그대로)'를 아쉽게도 '유물/고대'의 의미로 해석한 것과 대명사를 잘못 사용한 것 이외에는 의미 전달이 꽤 깔끔하게 되었다. 위에 언급했다시피, 이 정도의 오류는 구글 검색 순위에 큰 영향을 끼치는 것이 아니니 걱정할 필요가 없다. 만약, 영상을 통해 콘텐츠를 작성할 경우, 발음으로 발생하는 이런 사소한 에러들을 조심한다면 구글 번역기를 사용해도 별문제는 없다.

8_ MKTV 김미경 TV, 최초고백! 미경 언니가 삶을 놓아버릴 뻔했던 서른넷 가장 힘들었던 순간- 미경 언니의 따끈따끈 독설(21 October 2019) <https://www.youtube.com/watch?v=RlSWLxQTR3A>.

05
매출을 팍팍 올려주는 온라인 마케팅 기법
(구글 검색 엔진에서 저품질 웹 사이트로 분류되지 않으려면?)

✎ 성공적인 온라인 비즈니스를 위해서는 어떤 형태의 최적화(Optimization) 마케팅이 존재하는지 알아야 한다. 구글 검색 엔진에서 상위 페이지 노출을 위한 최적화 방법으로는 3가지의 방법이 있다.

첫째, White Hat SEO(WHSEO)
둘째, Black Hat SEO(BHSEO)
셋째, Grey Hat SEO(GHSEO)

영어를 모르는 사람이라도, 단어만 보았을 때 느낌만으로 어떤 검색 엔진 최적화 방법을 실행해야 할지 단번에 알 수 있을 것이다.

White Hat SEO에서 '화이트'라는 단어만 보더라도 예상할 수 있듯이, 소프트웨어가 아닌 사람이 직접, 깨끗하게 최적화를 진행하는 합법적인 테크닉을 말한다. 하지만 이론적으로 White Hat SEO에 대한 명확한 정의는 내려져 있지 않다.[9]

9_ Somdutta Singh, Decoding Digital-Unlocking Digital Barriers(Notion Press, 2019).

Black Hat SEO는 '블랙'이라는 단어를 보면 알 수 있듯이, 소프트웨어를 통해 비정상적인 방법을 이용하여 구글 검색 엔진에서 상위 노출을 시도한다.[10] 여기서 비정상적인 방법이란, 트래픽 소프트웨어를 만들어 가짜 트래픽을 유발시켜 방문자를 늘리는 행위 같은 것이다.

그리고 화이트와 블랙을 섞으면 "회색"이 나오는 것처럼, Grey Hat SEO는 정상적인 방법과 비정상적인 방법을 함께 사용하여 최적화를 시도하는 것으로,[11] 그 경계가 매우 흐릿하여 경험이 부족한 온라인 창업자들은 조심히 사용해야 한다. 자칫 잘못된 방법으로 최적화 작업을 시도했다간 법적인 문제에 직면할 수 있기 때문이다.

그럼, 어떠한 White Hat SEO 테크닉을 사용하여 웹 사이트를 최적화시킬 수 있을까?

"여기서 잠깐! 구글은 검색 엔진의 일인자로서, 구글을 목표로 최적화 작업을 시행한다면 자연스럽게 다른 검색 엔진에도 검색이 잘될 것이니, 일단 지금은 구글 웹 사이트에만 집중하도록 한다."

아래의 예들은 White Hat SEO에서 중점을 두고 있는 요소들이다.

1. 양질의 콘텐츠
2. 정확한 정보
3. 모바일 최적화
4. UX: 사용자의 편리함

---

[10] Somdutta Singh, Decoding Digital-Unlocking Digital Barriers(Notion Press, 2019).
[11] Ibid.

5. 키워드

6. 양질의 백링크

   이 중에서 가장 중요한 요소는 '양질의 콘텐츠'이다. 초창기의 검색 엔진 구글은 콘텐츠의 질에 상관없이 백링크의 양에 중점을 두어 웹사이트를 검색 엔진에 노출을 시켰으나, 이로 인해 발생하는 부작용 때문에 구글은 알고리즘을 업데이트시켜 저질의 콘텐츠는 검색 엔진 상위에 노출되지 않도록 했다.

   예를 들어, 사용자가 검색을 통해 필요한 정보를 수집할 수 있어야 하는데, 이와 상관이 없는 업체의 광고나 정보들이 상위 노출이 됨에 따라 사용자의 불편함이 늘어나게 되는 것이다. 이제는 성의 없게 작성된 글이나 정확하지 않은 정보를 제공하는 글은 상위 페이지에 노출시키지 않는다.

   그럼 구글은 어떤 글을 양질의 콘텐츠로 간주하는 것일까? 온라인 창업의 초창기에는 글을 자주, 많이 써야 한다. 관리가 잘 되는 웹 사이트일수록 구글봇(Googlebot: Web Crawler)이 자주 방문하여 검색 엔진에 소개해주기 때문이다. 그렇다면 구글봇은 어떤 글이 양질의 콘텐츠라고 생각을 할까?

토픽

길이

키워드 분배

앵커 텍스트

웹 사이트 나이

사람들이 흥미를 가지고 읽게 되는 글이어야 함은 기본이고 길이는 너무 짧아도, 너무 길어도 안 된다. 구글봇의 관점에서 보자면, 구글봇은 짧은 글보다 길게 작성된 글을 선호하는데, 사람이 아니기 때문에 긴 글을 읽다가 지루함을 느끼지 못한다. 그래서 짧게 작성된 글보다 길게 작성된 글을 선호하여 검색 엔진에 노출시킨다. 길게 작성된 글이 더 많은 유용한 정보가 있다고 착각을 할 때도 있다.

사람의 관점에서 보자면, 길이가 너무 짧으면 사용자는 필요한 정보를 얻을 수 없고, 길이가 너무 길게 작성된 글은 사용자들이 끝까지 읽지 못한다. 중간에 집중력이 흐트러져 읽다가 포기를 하는 사람들이 많기 때문이다. 과거에는 250~500자 정도의 콘텐츠를 작성해도 충분했지만, 지금은 500~1,000자 내외 양질의 콘텐츠를 작성하는 것이 좋다.

콘텐츠를 작성하기 전에 반드시 선행해야 할 작업이 있는데 바로 키워드 선정이다. 자신이 생각하는 키워드가 아니라, 구글을 이용하는 사용자들이 사용하는 키워드를 알아야 한다. 그리고 그 키워드를 콘텐츠의 적절한 위치에 잘 분배하여 앵커 택스트(anchor text) 기능을 사용하여 작성하는 것을 연습해야 한다.

이미 앞서 언급한 내용이지만, 앵커 텍스트란 중요한 키워드에 기능을 추가하여, 키워드에 마우스를 가져다 대어 클릭하였을 때 다른 페이지에 이동하는 것을 말한다. 앵커 텍스트의 html 코드는 다음과 같다.

<a href="이동하고자 하는 url 주소 삽입"> 키워드 </a>

일반적으로 한 문단에 한 개의 키워드를 배치하면 되는데, 키워드를 남용하여 과도하게 사용하다 보면 자칫 저질의 스팸 글로 보일 수 있으니, 특히 조심해야 한다. 키워드는 문단이 시작되는 첫 문장 또는 마지막에 배치하는 것이 좋은데, 일반적으로 첫 문장에 배치한다.

인터넷이 보편화된 초창기에 네이버 카페나 블로그에 도배성 글들을 많이 보았던 기억이 있을 것이다. 언뜻 보기에는 시간이 남아도는 할 짓이 없는 사람이 재미 삼아 하는 장난질이라고 생각할 수 있다. 이런 행위 또한 앵커 텍스트를 이용하여 백링크를 생성하여 사용자들을 자신의 웹 사이트에 유입하여 웹 트래픽을 증가시키는 Black Hat SEO 테크닉의 한 방법이었다. 디지털 마케팅이라는 개념이 없던 과거에는 이런 방법으로 웹 사이트로 트래픽을 유입시켰는데, 이제는 이러한 무식한(?) 방법을 사용하는 마케팅은 하지 않는다.

온라인 창업을 결심했다면 하루빨리 도메인을 구매하는 것이 좋다. 구글은 만들어진 지 얼마 되지 않는 웹 사이트보다 오래된 웹 사이트와 비즈니스를 더 신뢰하며, 이런 웹 사이트를 우선으로 상위 페이지

(SERP)에 노출시키기 때문이다. 이것을 전문 용어로 표현하자면 도메인 Authority가 높다고 한다. 자고로, 오래된 술과 친구가 좋은 것처럼 구글도 오래된 웹 사이트를 선호하고 밀어준다.

온라인 창업 STEP 4

: 구글 검색 엔진 상위에 오래 안착하는 마케팅
비법을 모르는 당신, 어쩌면 좋아!

구글 검색 엔진 웹 사이트
외부 최적화 체크리스트

웹 사이트 외부 최적화
Q&A

절대로 따라하면 안 되는
온라인 마케팅

잘하는 마케팅 업체가 사용하는
온라인 마케팅 기법

01
구글 검색 엔진 웹 사이트 외부 최적화 체크리스트

✎ 아래의 외부 최적화 체크리스트를 확인하고 그대로 따라해 보자.

외부 최적화 작업은 하루 만에 모든 것을 끝내서는 절대 안 되고 끝낼 양도 아니다. 시간에 쫓기는 사람들은 수백 개의 혹은 수만 개의 백링크를 가능한 한 빨리 생성하고 싶을 것이다. 이러한 마음에, 백링크를 자동 생성해주는 소프트웨어 사용의 유혹에 빠지게 되는데, 그 상황과 마음은 이해가 간다. 하지만 이렇게 인위적으로 생성된 백링크를 구글은 좋아하지 않는다. 최대한 구글이 눈치채지 못하게 자연스러운 (Organic SEO) 형태를 유지하는 것이 외부 최적화의 관건이다.

내부 최적화와 달리 외부 최적화의 결과를 눈으로 확인하기까지는 더 많은 시간이 걸린다. 내부 최적화의 결과 확인은 며칠 혹은 최대 2주 안에도 가능한 데 반해, 외부 최적화의 결과를 확인하기 위해서는 더 오랜 시간이 소요된다.

외부 최적화 작업을 진행할 때는 리포트를 작성하는 것이 아주 중요하고 필수이다. 리포트를 매일 작성하지 않으면 나중에 문제를 발견했을 때 백링크들을 수정하기가 힘들다. 아무리 사소한 것들이라도 무조건 기록을 남기는 것은 습관화하는 것이 좋다. 외부 최적화에서 '끝'이라는 것이 없다. 다람쥐 쳇바퀴 돌듯 비즈니스를 운영하는 동안에는 꾸준히 멈추지 말고 해야 한다.

아래의 외부 최적화 체크리스트는 워드프레스 사이트를 기준으로 작성되었다. 외부 최적화의 경우에는 코딩할 수 있는 전문가가 따로 필요하지 않으니, 코딩을 몰라도 걱정할 필요 없다.

📑 Off-Page SEO Checklist

- ☐ 구글 웹 마스터 등록
  - ☐ 구글 웹 마스터를 통해 백링크 분석
  - ☐ 사이트 맵 생성

- [ ] 사이트 맵 제출(구글/빙 등 검색 엔진)
- [ ] 구글 비즈니스 등록
- [ ] 포럼/커뮤니티 웹 사이트 가입&활동
- [ ] 블로그 개설
    - [ ] 네이버(Naver)
    - [ ] 티스토리(Tistory)
    - [ ] 블로거(Blogger)
- [ ] 비디오 채널 개설
    - [ ] 유튜브(Youtube) 채널 생성
    - [ ] 비메오(Vimeo) 채널 생성
    - [ ] 데일리모션(Dailymotion) 채널 생성
- [ ] 소셜 미디어 생성(추천)
    - [ ] 페이스북(Facebook)
    - [ ] 인스타그램(Instagram)
    - [ ] 트위터(Twitter)
    - [ ] 링크드인(Linkedin)
    - [ ] 텀블러(Tumblr)
    - [ ] 핀터레스트(Pinterest)
    - [ ] 플리커(Flickr)
- [ ] 소셜 미디어 생성(선택)
    - [ ] 큐존(Qzone)
    - [ ] 레딧(Reddit)
    - [ ] 미디엄(Medium)
    - [ ] 바이두(Baidu)

- ☐ 마이스페이스(Myspace)
- ☐ 라이브저널(LiveJournal)
- ☐ 틱톡(Tik Tok)

☐ 소셜 북마크(Social Bookmarking)

☐ 파일/이미지/로고 공유
- ☐ 구글 드라이브(Google Drive)
- ☐ 드롭박스(Drop Box)

☐ 언론사에 기사 송출(PR)

☐ 게스트 포스팅(Guest Posting)

☐ 디렉토리에 사이트 제출(Directory Submission)

☐ 논문/글 투고(Article Submission)

☐ RSS 피드 생성

☐ 도메인 Authority가 높은 웹 사이트로부터 백링크 생성(예: edu/org)

☐ 서브 웹 사이트 제작

---

* 틱톡 애플리케이션: 현재 대략 500 million(1 million = 100만)의 사용자들이 틱톡을 사용하고 있다. 중국에서 개발된 애플리케이션으로 개인 정보 불법 수집에 대한 문제로 몇몇 국가에서 사용 자체와 과징금을 징수 받았다. 이 점을 잘 인지하고 틱톡의 사용을 결정하길 바란다.

* RSS 피드: 구글의 웹 마스터 트렌드 분석가인 John Muller는 RSS 피드의 사용을 아래와 같이 말했다. RSS 피드 생성 자체가 SEO에 직접적인 영향을 끼치는 요소는 아니지만, 구글 봇이 정보를 수집하고 검색에 노출시키는 데 유리하게 작용한다. 하지만 명심할 것은 RSS 피드가 XML이라는 언어로 작성되기 때문에 콘텐츠가 쉽게 도용될 수 있으므로 이 점 또한 명심해야 한다.

* 웹 사이트 제작: 메인 비즈니스를 서포트할 수 있는 서브 웹 사이트 제작을 말한다. 그렇다고 Mirror Site(미러 사이트)를 제작해서는 안 된다. 미러 사이트의 정의는 영어로 "A mirror site is a copy of a website hosted on another server."이다. 말 그대로, 다른 웹 사이트의 콘텐츠를 그대로 가져와 만들면 안 된다는 말이다.

02
웹 사이트 외부 최적화 Q&A
(지금, 나 잘하고 있는 건가?)

검색 엔진 최적화는 크게 2가지로 나뉜다.

내부 최적화 (One-Page SEO: 온 페이지 SEO)

외부 최적화 (Off-Page SEO: 오프 페이지 SEO)

온 페이지 SEO 진행을 위해서는 기본적인 코딩 기술(Html&Css)과 양질의 콘텐츠를 작성할 수 있는 고급의 글쓰기 실력이 요구되고, 오프 페이지 SEO 진행을 위해서는 인터넷 마케팅의 생태계를 이해하고 링크들을 자유자재로 다룰 수 있어야 한다.

이때 효율적인 외부 링크를 생성하는 과정을 Link Building이라고 하고, 외부 페이지로부터 링크를 받는 것을 Inbound Links라고 하고, 외부 페이지로 링크를 보내는 것을 Outbound Links라고 한다.

다음 페이지에서 검색 엔진 외부 최적화 작업을 하는데 가장 많이 받는 질문들을 정리하였다.

1. 웹 사이트의 백링크(Backlink) 정보는 어디에서 확인할 수 있나요?

    💬 구글은 사용자들을 위해 구글 써치 콘솔(Google Search Console) 서비스를 무료로 제공한다. 이곳에서 웹 사이트로 들어오는 인바운드 링크(Inbound links)들을 확인할 수 있다.

2. 도대체 백링크는 어떻게 만들 수 있는 건가요?

    💬 백링크는 내가 만들 수 있는 것이 아니다. 대학, 협회, 연구소, 기업 등과 같은 신뢰받는 사이트로부터 자연스럽게 백링크를 받아야 SEO 측면에서 유리하다. 그리고 그 백링크는 가능한 관련된 업종에 종사하고 있는 웹 사이트로부터 받아야 효과가 있다. 전혀 상관이 없는 비즈니스 업체로부터 받는 백링크는 랭킹 면에서 의미가 없다. 하지만 웹 트래픽을 발생시켜 방문자를 유입할 수 있기 때문에 관련 업종이 아닌 비즈니스의 웹 사이트라 할지라도 나의 비즈니스에 해가 되지 않는다면 그냥 놔둬도 괜찮다.

3. 백링크의 '수'가 중요한가요? '질'이 중요한가요?

    💬 구글의 초창기에는 백링크의 수가 검색 엔진 순위에서 가장 중요한 요소였다. 이 알고리즘을 알고, 많은 사람들이 백링크의 수를 늘리기 위해 무리한 외부 최적화를 진행하여 아무런 의미가 없는 백링크 양으로 검색 엔진의 상위 노출을 시도했고, 어느 정도는 효과를 보았다. 구글은 사람들이 이 알고리즘을 악용하는 것을 알고, 알고리즘을 업데이트하면서 백링크의 '질'에 비중을 두기 시작했다. 지금은 백링크의 '수'보다 '질'이 더 중요시된다.

4. 도대체 백링크 개수가 얼마나 되어야지 검색에서 유리한가요?

💬 구글이 검색 엔진 상위 노출을 위해 따로 정해놓은 백링크의 개수는 없다. 백링크의 수에 중점을 두는 최적화 작업을 하게 되면- 이런 저급(?)의 외부 최적화를 흔히 '3D 온라인 노가다'라고 한다. -같은 시간을 투자해도 별 효과를 보지 못한다. '질'보다 '양'에 치중해야 짧은 시간에 탁월한 효과를 볼 수 있다.

5. 자연스럽게 백링크 수를 늘리는 방법이 무엇일까요?

💬 과거보다 요즘은 백링크를 쉽게 생성할 수가 있다. 이전에는 제한된 온라인 공간에서 백링크를 생성하기가 쉽지 않았기 때문에 심심찮게 네이버&다음 블로그나 카페에서 도배성 글이나 댓글을 많이 볼 수 있었는데, 요즘에는 정말 다양한 소셜 미디어 플랫폼의 등장으로 다양한 웹 사이트로부터 백링크를 얻을 수 있다.

6. 도박&성인 웹 사이트에서 백링크가 들어오고 있는데 이걸 그냥 놔둬야 할까요?

💬 불법성 웹 사이트에서 보내는 백링크를 발견했다면 그리 달가운 소식은 아니다. 특히, 도박&성인에 관련된 사이트에서 백링크를 보내오는 걸 발견하는 즉시 링크를 차단하는 것이 좋다. 원하지 않는 백링크는 Disavow File을 만들어 포함시키고 제거 요청(https://www.google.com/webmasters/tools/disavow-links-main)을 하면 된다. 여기서 간단하게 설명을 해보자면, 일단 TXT를 열고 아래와 같이 원치 않는 웹 사이트 주소를 기입한다.

예:

\# Two pages to disavow

http://spam.example.com/stuff/comments.html
(http://spam.example.com/stuff/comments.html)
http://spam.example.com/stuff/paid-links.html
(http://spam.example.com/stuff/paid-links.html)

\# One domain to disavow

domain:shadyseo.com

모든 URL을 입력한 후, 파일을 UTF-8 또는 7-bit ASCII 형식으로 저장한 후 구글에 제거 요청을 한다. 좀 더 자세한 내용을 확인하기 위해서는 https://support.google.com/webmasters/answer/2648487?hl=en에 방문하여 확인하면 된다.

7. 백링크가 들어오는 웹 사이트가 저희의 비즈니스와 전혀 상관이 없는 분야인데 도메인 Authority가 높아요. 링크를 그대로 놔둘까요, 제거할까요?

💬 검색 엔진 외부 최적화에서는 웹 사이트 사이들의 연관성은 아주 중요하다. 그리고 연관성에 따라서 백링크의 품질이 결정된다. 웹 사이트가 불법이 아니라면 굳이 백링크 제거 요청을 할 필요는 없으며, 비록 검색 엔진 최적화에 크나큰 영향을 끼치진 않지만, 트래픽 면에서 유리하니 그냥 놔두어도 괜찮다.

8. 웹 사이트 메인 페이지로만 타깃으로 외부 최적화를 시행하고 있습니다. 과연 올바르게 진행하고 있는 것이 맞나요?

💬 검색 엔진 외부 최적화를 진행할 때 백링크를 홈페이지 메인만을 백링크로 사용하기 보다는 골고루 다른 페이지로 분산시키는 것이 자연스럽고 더 다양한 트래픽을 유도할 수 있다.

9. 구글 애즈를 통해서 웹 사이트로 트래픽이 유입되고 있습니다. 이렇게 유료 백링크가 최적화에 긍정적인 영향을 주나요?

💬 비용을 지불하고 발생하는 백링크는 최적화 작업에 아무런 영향을 주지 않는다.

10. 네이버 카페 같은 커뮤니티 사이트에 댓글을 중심으로 백링크를 걸어 최적화 작업을 하고 있습니다. 과연 효과가 있나요?

💬 구글은 정보의 정확성을 아주 중요시한다. 소셜 미디어나 네이버 카페와 같은 커뮤니티 사이트에서 보내주는 백링크는 구글이 보기에 프로페셔널하지 않다. 이러한 이유로, 커뮤니티의 코멘트에 비중(Weight)을 두지 않기 때문에, 너무 많은 시간을 코멘트를 최적화하는 데 삽질을 하지 않도록 한다. 만약 검색 순위가 목적이 아니라, 수익 창출을 위해 웹 트래픽 발생이 목적이라면 현명하게 시간을 분배하여 최적화 댓글 작업을 진행하면 된다.

11. 위키피디아와 같은 Web 2.0 웹 사이트에서 링크를 받고 있습니다. 어떤 사람은 위키피디아에서 보내는 백링크는 어차피 노팔로우(nofollow)라서

링크를 걸어봤자 아무 효과도 없다고 하고, 반대로 어떤 사람은 위키에서 링크를 받는 게 좋다고 하고, 도대체 누구의 말이 맞는지 모르겠네요.

💬 위키피디아(Wikipedia)는 전문가들이 콘텐츠를 제공하는 것이 아니라, 누구든 콘텐츠를 작성할 수가 있어 정보가 정확하진 않다. 과거보다 정보가 전문성을 갖추고 있는 것은 맞지만 100% 보장을 할 수 없다.

이러한 이유로 대학에서 과제를 할 때도 위키피디아에서 제공하는 정보를 출처로 사용하지 못하게 한다. 왜냐하면, 정보의 전문성을 보장할 수 없기 때문이다. 하지만 아이러니하게도 구글이 신뢰하는 사이트 중의 하나이다. 비록 위키피디아에서 노팔로우 링크를 사용하고 있어 구글 랭킹에 영향을 주진 않지만, 트래픽을 증가시키고, 온라인상에서 '인지도'를 고려한다면 위키피디아에서 백링크는 없는 것보다 있는 것이 낫다.

03
절대로 따라하면 안 되는 온라인 마케팅

📎 앞서 말한 것처럼 온라인 마케팅에는 3가지 방법으로 검색 엔진 최적화를 시행할 수 있다고 언급하였다.

- White Hat SEO(WHSEO)
- Black Hat SEO(BHSEO)
- Grey Hat SEO(GHSEO)

그리고 WHSEO처럼 Black Hat SEO 테크닉에 관해서도 이론상의 정확한 개념이 확립되어 있지 않다. 그리하여, 전문가들 사이에서는 여전히 Black Hat SEO 테크닉에 대한 많은 언쟁이 오가고 있고, 이에 관련된 IT 법은 없으며, 통상적으로 각국의 소비자 보호법에서 다루어진다.

BHSEO 검색 엔진 최적화 방법에 자주 사용하는 방법으로는 리다이렉팅(Redirecting)이라는 것이 있다. 여기서 잠시 영어 문법을 살펴보아야 하는데, 영어 단어 앞에 're'라는 접두사가 붙으면 '다시', '재', '새로'라는 의미가 부여된다. 영어 단어 'direct'는 '직접 보낸다.', 이런 의미를 지니기 때문에 접두사 're'가 'direct'와 만나 '다른 주소/방향으로 다시 보낸다.'라는 의미로 쓰이게 된다.

리다이렉팅 기능을 과도하게 남용하다 보면 불법적인 방법으로 간주되기 때문에, 꼭 필요할 때만 이 방법을 사용하길 바란다.

리다이렉팅을 하는 방법은 도메인 구매자가 수십 개 혹은 수백 개의 도메인을 구매하여, redirecting 기능을 이용하여 자신의 웹 사이트로 트래픽을 유입시키는 행위이다. 이때 리다이렉팅을 하는 방법으로는 301 redirect와 302 redirect가 있는데, 301 redirect는 영구적으로 리다이렉팅을 하는 방법이고, 302 redirect는 임시로 리다이렉팅 하는 방법을 말한다.

과거에는 백링크의 수를 증가시켜 웹 사이트를 상위 노출을 시켰으나, 이제는 이런 방법이 통하지 않기 때문에 꼭 필요할 때만 사용하여야 한다. 무분별한 리다이렉팅의 사용은 BHSEO로 간주되기 때문에 각별히 주의해야 하며, 이러한 저급의 마케팅 방법은 사용하지 않도록 하는 것이 좋다. 하지만 이 기능을 현명하게 사용한다면 웹 트래픽을 증가시킬 수 있다.

현명한 리다이렉트를 위한 다른 도메인 주소를 선정할 때는 아무

도메인이나 구매해도 되는 것일까? 아니다. 디지털 마케팅에 대해 잘 알지 못하는 사람이라면 물론 그럴 수 있다. 하지만 어느 정도의 디지털 마케팅에 대한 지식을 가지고 온라인 마케팅의 생태계 흐름을 파악한 사람이라면 리다이렉팅을 위한 도메인을 구매할 때 여러 가지 요소를 생각하여 구매해야 한다.

가장 흔한 방법으로는 철자 오류를 이용한 도메인 구매 방법이 있다. 만약, 온라인 쇼핑몰을 개설하기위해 www.xxxxcloth.co.kr 도메인을 구매했다고 가정해 보자. 이 주소를 처음 본 사람이라면 x가 3개인지 4개인지 헷갈릴 수 있다. 이럴 때, 리다이렉트 기능을 사용하여 www.xxxcloth.co.kr 주소로 접속을 하더라도 www.xxxxcloth.co.kr로 자동 유입이 되게 하는 것이다. 또한, 웹 사이트가 co.kr인지 com인지 헷갈린 구매자가 www.xxxxcloth.com라고 검색을 했을 때도 리다이렉팅 기능을 설정한다면 www.xxxxcloth.co.kr로 보내질 것이다. 이런 사용자의 실수를 예상하여 최소한의 리다이렉트를 사용했다면 긍정적인 최적화 방법이 될 수도 있다.

04
잘하는 마케팅 업체가 사용하는 온라인 마케팅 기법

🖊 마지막으로, White Hat SEO(WHSEO)와 Black Hat SEO(BHSEO)의 중간쯤, 시간과 비용의 효율성을 위해 이 두 가지 최적화 방법을 동시에 사용하는 방법을 Grey Hat SEO(GHSEO)라고 한다.

Grey Hat SEO 기법이란, 백링크(Backlink) 작업 진행 시, 통상적으로 50%는 직접 사람이 진행하고, 나머지 50%는 소프트웨어를 이용하는 방법을 말한다. 여기서 말하는 소프트웨어란, 비정상적인 SEO 기법을 위해 만들어진 것이 아니라, 시간과 비용의 효율을 위해 마케팅 작업에 도움을 주는 소프트웨어이다. 이 퍼센티지는 정해진 것이 아니니 얼마든지 바뀔 수 있는데, 100%에 가까울수록 사람이 관여하는 시간이 늘어나기 때문에 비용이 높아질 수밖에 없다.

어떤 소프트웨어를 사용하는 것에 따라 결과는 천차만별이다. 이미 앞서 언급을 하였지만, 혹시나 백링크가 무엇인지 모르는 분들을 위해 간단한 설명을 해보자면, 백링크란 웹 사이트들을 서로 연결해주는 하이퍼링크(Hyperlink)를 말한다. 마우스를 가져다 대면 다른 웹 사이트로 이동할 수 있게 해주는 링크이다. 하이퍼링크의 생김새는 아래와 같다.

〈a href="이동하고자 하는 웹 사이트 주소"〉 키워드 〈/a〉

Grey Hat SEO 기법은 합법과 불법의 경계가 모호하기 때문에, 법적인 전문 지식이 부족할 경우 또는 충분한 교육 없이 검색 엔진 최적화나 디지털 마케팅에 착수하게 되면 생각지 못한 부분에서 문제가 발생할 수 있다. 소비자 보호원에는 이에 관련된 불만 접수와 소송도 늘어나는 추세이다. 코로나 바이러스로 인해 다가오는 비대면 사회에서 온라인 비즈니스 창업이 지금보다 더 활성화되면 해당 건수도 늘어날 수밖에 없으니 처음부터 디지털 마케팅에 대한 올바른 개념을 습득하는 것이 중요하다.

일반적으로 White Hat SEO의 경우, 결과를 확인하기까지 6개월부터 2년의 기간이 걸린다. ROI(Return On Investment: 투자 자본 수익률)가 늦지만, 한번 상위에 노출되면 꽤 오랫동안 랭킹을 유지할 수 있다.

반면에, Black Hat SEO의 경우 비용이 저렴하고 결과를 1개월~5개월 안에 볼 수 있지만, 많은 위험을 감수해야 한다.

비용이 터무니없이 저렴한 온라인 마케팅을 진행하게 된다면 저급의 마케팅으로 인한 결과에 대한 책임은 본인이 져야 함을 잊지 말아

야 한다. 잘못된 방법으로 온라인 마케팅을 진행하다가 비즈니스 또는 웹 사이트가 영구적으로 구글 검색 엔진에서 사라질 수 있다는 것을 명심해야 한다. 그리고 이에 따른 책임은 마케팅 업체와의 계약서를 작성하지 않는 이상 책임이 본인에게 있으므로, 실패를 경험하고 싶지 않다면 늦더라도 '정도'의 길을 따라갈 것을 권유한다.

예를 들어, 어떤 업체들은 온라인 마케팅 광고 비용을 터무니없게 낮은 금액인 20만 원/월, 10만 원/월, 심지어는 5만 원/월의 비용으로 진행하는 것을 심심찮게 볼 수 있는데, 비용을 지불하기 전에 반드시 어떤 마케팅 방법이 동원되는지 확인해야 한다.

온라인 창업 STEP 5

: 코딩을 1도 몰라도 온라인 창업이 가능하다고?

쇼피파이(Shopify)로
1시간 만에 상품 등록하기

윅스(Wix)로
1시간 만에 사장님 되기

스퀘어스페이스(SquareSpace)로
투잡 뛰기

위블리(Weebly)로
온라인 창업 시작하기

줌라(Joomla!)로
온라인 창업 도전해보기

드루팔(Drupal)은
어렵지만 괜찮아

01
쇼피파이(Shopify)로
1시간 만에 상품 등록하기

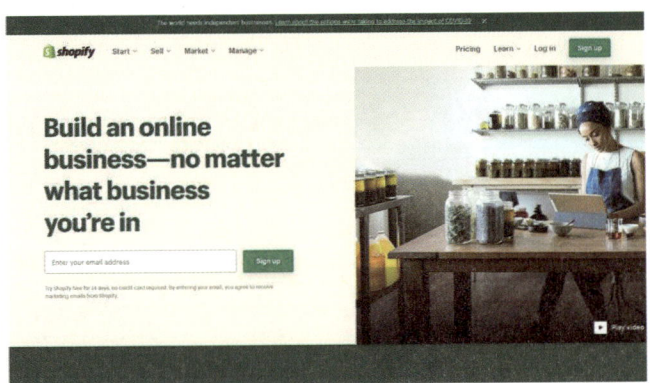

쇼피파이 shopify.co.kr

포스트 코로나 시대에 접어들면서 많은 사람들이 머릿속에만 있던 온라인 창업을 이제는 시작할 때가 아닌가? 한번쯤은 생각해보고 있을 것이다. 인터넷 쇼핑몰 온라인 창업을 계획 중이라면 언제 어디서 어떻게 시작을 해야 할까? 주위를 두리번거리며 조언자를 찾아보지만, 아이러니하게도 정작 필요할 땐 조언을 받을 지인을 찾기가 힘드니 어떻게 하면 좋을까?

일단, 온라인 창업을 시작할 때 먼저 해야 하는 것이 아이템 선정이다. 가장 많이 저지르는 실수 중의 하나는 내가 좋아하는 아이템을 판매하려 한다는 것이다. 하지만 내가 좋아하는 아이템보다는 소비자가 많이 찾는 아이템을 선정하는 것이 홍수처럼 쏟아지는 온라인 비즈니스 마켓에서 살아남는 방법이다. 글로벌 셀러가 되기로 마음을 먹고 해외 마켓을 타깃으로 아이템을 선정하였다면 이제는 어떤 무료/유료 오픈 CMS를 사용할 것인지 결정할 차례이다. 온라인 창업에 관심이 있는 사람이라면 한번쯤은 들어봤을 플랫폼, 바로 쇼피파이(Shopify)가 있다.

과거 쇼피파이는 영문 서비스만 제공했지만, 쇼피파이의 한국 진출로 더 많은 글로벌 셀러들이 손쉽게 해외로 제품을 판매할 수 있게 되었고, 판매자들은 한글 매뉴얼을 비롯하여 문제가 발생했을 시 한국어로 고객 지원을 받을 수 있게 되었다. 유료 결제를 하기 전 무료 쇼피파이 체험이 가능하니, 2주의 무료 체험 후 유료 서비스로 전환할 것인지 결정하면 된다.

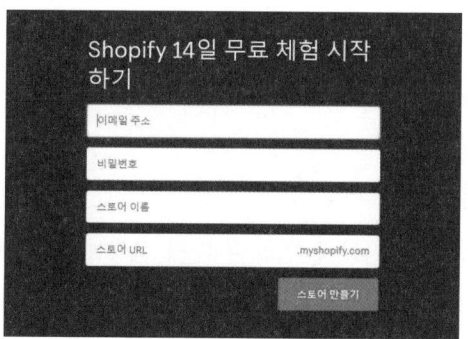

BuiltWith 리서치 결과에 따르면, 2020년 8월을 기준으로 전 세계에서 3,356,128개의 웹 사이트/비즈니스들이 쇼피파이 플랫폼을

사용했고, 1,498,823개의 웹 사이트들이 활성화되어 운영되고 있다. 쇼피파이를 가장 많이 사용하고 있는 나라는 미국(1,099,046), 영국(57,457), 호주(42,110), 캐나다(33,890), 독일(22,826), 프랑스(18,356)가 있다.[12] 비록 한국에서의 쇼피파이의 실적은 그리 좋진 않지만, 과거 쇼피파이의 성장률을 참고하여 코로나 바이러스 이후 다가오는 비대면 사회를 미리 예상해보면 쇼피파이의 인기와 국내 시장 점유율은 점점 높아질 것으로 예상된다.

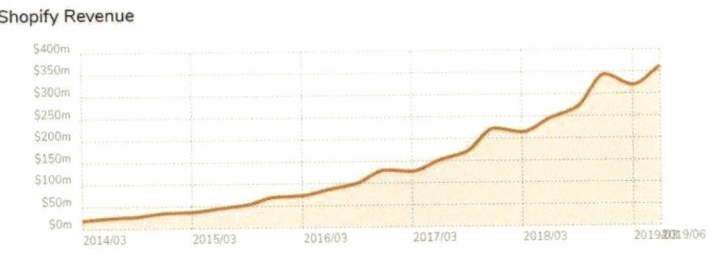

쇼피파이가 인기가 있는 이유는 무엇보다도, 웹 프로그래밍 언어에 대한 지식이 없이도 충분히 혼자서 스스로 인터넷 쇼핑몰을 창업하여 운영할 수 있다는 점이다.

과거에는 홈페이지 제작이나 인터넷 쇼핑몰은 아무나 할 수 있는 분야가 아니었다. 하지만 콘텐츠 관리시스템(CMS)의 보편화로 누구나, 남녀노소 상관없이 온라인 창업이 가능해지고 언제든지 1인 기업을 운영하는 대표가 될 수 있다. 당신이 장사 혹은 판매에 관심과 소질이 있다면 쇼피파이가 좋은 옵션이 될 것이다.

12_ BuiltWith, Shopify Usage Statistics, <https://trends.builtwith.com/shop/Shopify>.

과거와 달리 요즘은 재고를 보유하지 않아도 판매가 가능한 드롭 쉬핑(Drop shipping)이라는 새로운 트렌드가 생겨났다. 드롭 쉬핑이란 온라인으로 물품을 판매하는 판매자가 재고가 없이도 주문을 받을 수 있고, 주문이 들어왔을 때 비로소 처리할 수 있는 방법을 말한다. 아래의 쉬운 예를 들어보겠다.

쇼피파이를 운영하는 홍길동 사장님이 있다. 홍 사장님은 낮에는 중소기업의 직장인으로 밤에는 온라인 쇼핑몰 사장님으로 집에서 재택근무를 한다. 홍 사장님의 주력 상품은 아기 관련 제품들이다. 쇼피파이에서 판매를 하지만, 어디에서도 재고를 찾을 수 없다. 어떻게 재고 없이 물품을 판매할 수 있냐고? 홍 사장님은 시간 나는 틈틈이 알리바바(Alibaba) 웹 사이트에서 괜찮은 제품들을 리서치하여 그 상품을 자신의 쇼피파이 웹 사이트에 올린다. 구매자로부터 주문이 들어오면 홍 사장님은 알리바바 업체에 연락하여 바로 구매자에게 물품을 배송해 주기를 요청한다. 이렇게 쇼피파이를 통해 무자본·무재고로 때와 장소에 상관없이 사업을 진행할 수 있다.

쇼피파이에는 3가지 플랜이 있는 데 사용 비용은 아래와 같다. 비용은 한국 원화가 아닌 미국 달러로 결제된다. Basic Shopify가 저렴한 이유는 제한적인 기능의 이유도 있지만, 다른 플랜에 비해 수수료가 2%로 높기 때문이다. Shopify 플랜은 수수료가 1%, Advanced Shopify의 경우 수수료가 0.5%밖에 되진 않지만, 매달 지불해야 하는 사용료가 높다 보니 영세업자가 사용하기에는 무리가 있다. 무료 체험이 끝난 후에 쇼피파이를 사용하겠다고 결심했다면 무리하지 말고 Basic Shopify부터 시작하는 것을 권유한다.

이미지 출처: @쇼피파이

쇼피파이의 2주간 무료 체험을 위해 간단한 정보를 제공하면 5분도 채 되지 않아 자신만의 온라인 쇼핑몰이 자동 생성된다. 쇼핑몰 페이지로 이동하기 전, 아래와 같은 팝업창을 볼 수 있다. 간단한 자신의 쇼핑몰에 대한 정보를 제공하면 되고, 싫다면 아래 보이는 Skip 버튼을 누르면 된다.

이미지 출처: @쇼피파이

다음 페이지로 이동하면 비즈니스 정보를 입력해야 한다. 이 페이지는 반드시 작성해야지만 다음 페이지로 이동할 수 있다.

이미지 출처: @쇼피파이

비즈니스 정보를 다 입력하고 난 뒤 Enter my store 버튼을 누르면 바로 제품을 올릴 수 있다. 이렇게 쇼피파이의 간단한 회원 가입 절차부터 첫 제품을 올리기까지 10분도 채 걸리지 않는다. 단, 컴퓨터에 익숙하지 않은 사람이면 1시간 혹은 그 이상의 시간이 소요될 수 있다.

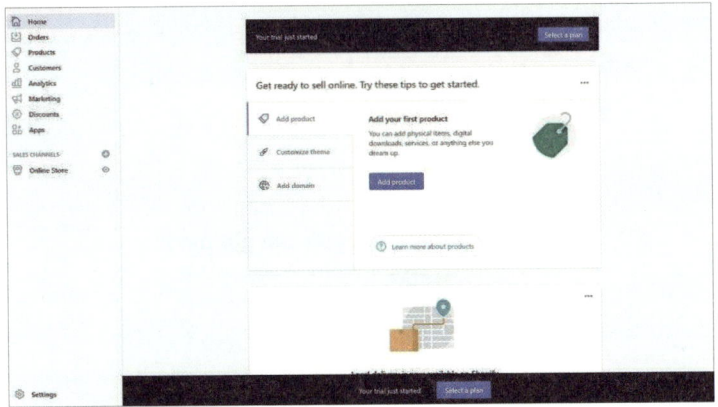

이미지 출처: @쇼피파이

첫 제품을 올리기 위해서 Add product 버튼을 클릭하며 아래의 페이지로 이동하여 제품에 대한 정보와 설명을 기재하면 된다.

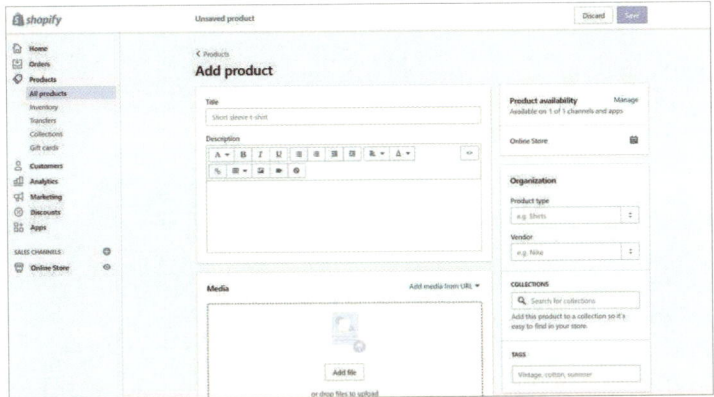

이미지 출처: @쇼피파이

쇼피파이 제품 등록 페이지에서 스크롤해서 내리면 Search engine listing preview라는 것을 볼 수 있는데, 구글 검색 엔진에 노출되기 위해서 반드시 해야 하는 작업이다. 선택 사항이 아니다.

워드프레스에서는 Yoast SEO와 같은 플러그인을 따로 설치해야 하는 데 반해, 쇼피파이에서는 이용자가 별도의 추가 작업 없이 최적화 설정 기능을 할 수 있도록 제품 등록 페이지에 삽입해놓았다.

한번 더 강조하지만, 이 작업이 중요한 이유는 아래에 기입하는 대로 구글 검색 엔진에 노출되기 때문에 충분한 키워드 리서치 후 매력적인 타이틀을 작성해 소비자의 관심을 끌어야 한다.

이미지 출처: @쇼피파이

이렇게 코딩을 전혀 모르는 사람이라도 쇼피파이 인터넷 쇼핑몰 플랫폼을 이용한다면 언제든지 당신은 사장이 될 수 있다. 쇼피파이의 CMS 플랫폼은 앞으로 더욱 강력해지고 기능은 간단해져 앞으로 더 많은 인터넷 쇼핑몰 사장님이 생겨날 것이고, 그중에는 당신도 있을 것이다.

* 언급된 이미지들은 쇼피파이 공식 웹 사이트에서 캡처한 이미지이므로 저작권은 해당 업체에게 있다.

02
윅스(Wix)로
1시간 만에 사장님 되기

 윅스는 워드프레스와 같은 CMS(콘텐츠 관리 시스템)으로 2006년에 처음 소개되었고 2009년에는 1 million(1 million = 100만)의 사용자들이, 2014년에는 50 million의 사용자들이 윅스를 사용했다.[13]

윅스의 저돌적인 유튜브 광고에 힘입어 2020년 8월을 기준으로 전 세계 160 million의 웹 사이트들이 윅스 플랫폼으로 제작되었고, 생각보다 많은 국내 1인 기업자들이 온라인 창업을 윅스를 통해서 시작하고 있다. 윅스는 코딩 실력을 전혀 요구하지 않기 때문에 컴퓨터를 잘 모르는 영세업자일지라도 소규모 비즈니스에 적합한 웹 사이트를 빠른 시간에 구축할 수 있다는 강한 장점이 있다.

하지만, 개인적인 견해로는 차후 큰 규모의 웹사이트를 제작을 염두에 두고 있다면 윅스가 아닌 워드프레스를 고려해 보는 것이 좋다.

---

[13]_ Wix, The Leader in Website Creation < https://www.wix.com/about/us>.

Wix의 프리미엄 사용 비용은 2020년 8월 기준으로 아래와 같다.

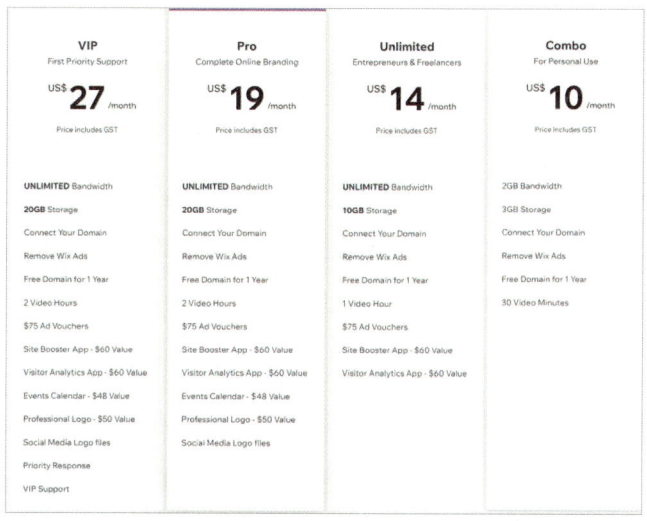

이미지 출처: @윅스

사람들이 윅스를 선호하는 이유는 다음과 같다.

1. 무료 도메인과 호스팅 서비스(윅스 광고 포함)

2. 다양한 무료/유료 템플릿

3. 코딩에 대한 전문 지식 없이도 간단한 드래그&드롭만으로도 제작 가능

4. 편리한 검색 엔진 최적화

5. 소셜 미디어 연동

무료 도메인과 호스팅 서비스

윅스의 큰 장점으로는 무료 영문 도메인과 호스팅 서비스를 무료로 제공하는 것이다. 일반적으로, 개인이 도메인과 호스팅 서비스를 구매하려면 일정한 비용을 지급해야 하지만, 윅스를 사용하면 무료이다. 이때 윅스의 무료 광고를 임의로 제외시킬 순 없다. 윅스에서 제공하는 무료 도메인이 나의 비즈니스의 전문성에 영향을 끼친다고 생각하여 사용하기 꺼려진다면 독자적으로 도메인을 구매한 후 윅스 웹 사이트로 연동하면 된다.

도메인 구매 비용은 주소에 따라 달라지는데, 일단 국내뿐만 아니라 해외로 판매를 고려하고 있다면 한글 도메인보다는 영문 도메인을 구매하는 것이 좋으며, 도메인 선정 시에는 될 수 있으면 중요한 키워드를 포함시킨 도메인을 구매하는 것이 좋다.

윅스가 무료로 제공하는 영문 도메인을 사용하기로 결정했지만, 한글 도메인을 통해 국내 사용자가 영문 웹 사이트에 접근할 수 있게 하려면 Redirecting 기능을 사용하면 된다.

이처럼 윅스에서 제공하는 무료 영문 도메인과 호스팅 서비스를 사용하는 것이- 온라인 창업 시 적은 비용일 지도 모르지만 -1인 기업인에게는 확실히 비용의 부담을 줄여줄 것이다.

다양한 무료/유료 템플릿

윅스는 수백 개의 다양한 무료/유료 템플릿을 제공한다. 워드프레스를 제외한 다른 CMS 플랫폼에서는 제한적인 템플릿 제공으로 쉽사리 마음에 드는 테마를 찾기가 어려운 데 반해, 윅스에서는 500개 이상의 다양한 템플릿을 제공하기 때문에 오히려 당사자가 결정 장애가 있는지 의심할 정도이다. 물론, 무료와 유료의 템플릿 디자인과 기능의 차이는 있다. 하지만 무료 템플릿을 사용하여 많은 불편함을 느낀다면 언제든지 유료 서비스를 신청 가능하니 큰 문제는 아니다. 무료 템플릿을 사용하다가 비즈니스를 통해 일정한 수익이 발생하면 그때 유료로 전환해도 늦지 않다.

코딩에 대한 전문 지식 없이도 간단한 드래그&드롭만으로도 제작 가능

무료이든 유료이든 템플릿을 선택을 하였다면 개인의 기호에 맞게 수정이 가능한데, 윅스의 경우 마우스를 이용하여 드래그&드롭 방식으로 웹 사이트 구축이 가능하기 때문에 일정 수준의 코딩 실력을 요구하지 않는다. 이러한 이유로 컴퓨터를 잘 모르는 사용자라 할지라도 쉽고 빠르게 전문적인 홈페이지를 만들 수 있다. 이러한 장점을 등에 업고 윅스의 시장 점유율은 점점 높아지고 있다.

편리한 검색 엔진 최적화

윅스 또한 검색 엔진 최적화 기능(Search Engine Optimization- SEO)을 제공한다. 하지만 워드프레스와 윅스, 이 두 플랫폼의 검색 엔진 최적화 기능을 테스트해본 결과, 윅스보다는 워드프레스가 효과가 좋았다. 부족한 필자의 소견으로, 최적화 기능 부분이 개선이 된다면 윅스는 더 많은 유저들을 확보할 수 있을 것이다.

소셜 미디어 연동

과거에는 CMS 웹 사이트와 소셜 미디어를 연동하려면 비용을 지불해야 했는데, 요즘에는 어떤 CMS 플랫폼을 사용하더라도 소셜 미디어 연동 기능은 무료로 제공한다. 윅스 역시 웹 사이트에 자신의 소셜 미디어에 쉽게 연동시킬 수 있다.

이외에도 윅스의 많은 장점이 있지만, 단점들도 있다. 예를 들어 대규모의 비즈니스를 구축하기에는 제한이 있고, 로딩 속도가 늦는 경향이 있으며, 앞서 언급했다시피 아직까지는 검색 엔진 최적화에 취약하다는 것이다. 이러한 문제점들은 비단 윅스 뿐만 아니라, 어떤 콘텐츠 관리 시스템을 사용하더라도 발생할 수 있는 문제점이니 충분한 심사숙고를 한 뒤 선택하도록 한다.

03
스퀘어스페이스(SquareSpace)로 투잡 뛰기

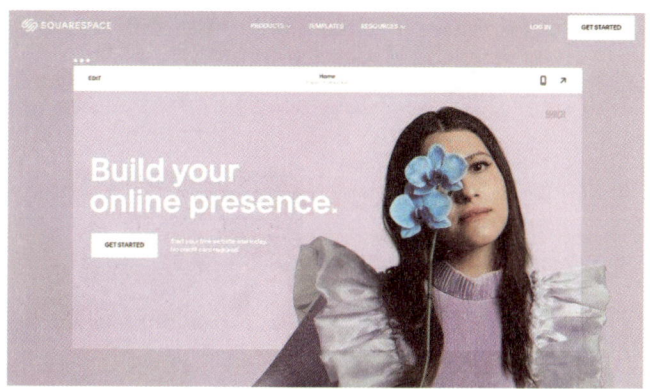

스퀘어스페이스 www.squarespace.com

스퀘어스페이스 CMS 플랫폼은 워드프레스와 비슷한 시기에 소개가 되었지만, 초창기에는 큰 인지도를 얻지 못했다. 그러나 최근 들어 적극적인 유튜브 홍보와 광고를 하면서 해외와 국내에서 인지도를 점점 높여가고 있다.

2020년 8월을 기준으로 스퀘어스페이스를 사용하고 있는 활성화된 웹 사이트는 총 2,347,032개가 된다. 미국에서는 1,812,164개의 웹 사이트가, 영국에서는 120,970개의 웹 사이트들이, 캐나다에서는 79,806개의 비즈니스가, 그리고 한국에서는 1,241의 웹 사이트들이

스퀘어스페이스를 통해 제작되었다.[14]

스퀘어스페이스의 가장 큰 장점은 프로페셔널하고 세련된 템플릿이 많아 젊은 온라인 창업자들이(2030 세대) 많이 사용하고 있는 추세이고, 그들의 만족도는 꽤 높다. 스퀘어스페이스를 한 번도 안 써본 사람은 많을지 몰라도 한 번만 써본 사람은 계속 스퀘어스페이스를 사용하는 경향이 있다.

웹 프로그램 언어를 몰라도 스퀘어스페이스를 사용한다면 웹 사이트를 제작하는 데 아무런 문제가 없다. 하지만 부분적으로 수정을 원할 때는 기본적인 html과 css 코딩 실력을 가지고 있다면 맞춤형으로 변경이 가능하니, 시간이 날 때 짬짬이 공부해두는 것을 적극 추천한다. 요즘에는 어떤 CMS 플랫폼을 사용하든 코딩 실력이 필요한

14_ BuiltWith, SquareSpace, Usage Statistics <https://trends.builtwith.com/cms/Squarespace>.

건 아니지만, 직접 웹 사이트를 제작하다 보면 답답함과 한계를 느끼고 스스로 공부를 하고 있는 자신을 발견할 것이다.

필자가 스퀘어스페이스를 사용해보았을 때, UI(User Interface: 사용자 인터페이스)&UX(User Experience: 사용자 경험) 디자인과 기능면으로 꽤 괜찮은 CMS 플랫폼이라고 생각했다. 2014년, 알고 지낸 지인 한 분이 사진 관련 온라인 창업을 준비 중이었다. 미국 웹 사이트 제작 업체에 대략 미국 달러 $4,000 지불하여 스퀘어스페이스를 사용한 웹 사이트를 제작하였다. 그리고, 매년 유지비로 대략 $200을 지불하고, 맞춤형 기능이 필요한 경우 추가 비용을 지불하고 웹 사이트를 업데이트하는 것을 보았다.

온라인 창업을 심각하게 고민 중인 예비 창업자라고 하면 스퀘어스페이스도 좋은 옵션이 될 수 있을 것이다. 지금은 해외에 비해 국내에서 사용되는 빈도는 낮지만, 앞으로 국내에서도 스퀘어스페이스로 제작되는 웹 사이트 수는 많이 늘어날 것으로 예상된다.

비용면에서도 꽤 괜찮다. 1년 치를 한 번에 지급하면 할인을 받아, 개인은 1년에 사용료로 USD $160(대략 한화 16만 원)만 지불하면 되고, 비즈니스는 USD $250(대략 한화 25만 원)만 결제하면 된다. 물론, 다른 무료 CMS 플랫폼(예: 윅스 Wix&위블리 Weebly)과 비교해서 사용료가 높지만, 워드프레스 설치형을 사용 시 연간 지불해야 할 호스팅 비용과 별 차이가 나지 않기 때문에 나쁘지 않은 금액이다.

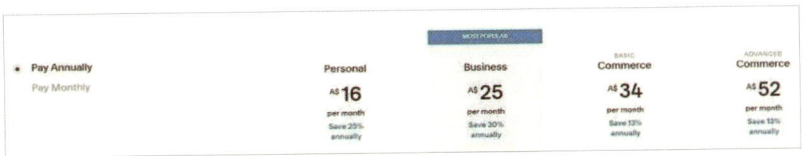

이미지 출처: @스퀘어스페이스

한 번에 목돈으로 연간 비용을 결제하는 것이 부담스럽다면 매달 지불할 수 있는 옵션도 있다. 하지만 매달 지불해야 하는 사용료는 연간 비용보다 몇 불 더 비싸다. 매달 몇 불밖에 비싸지 않지만, 연간으로 계산해 보면 최소 6만 원~최대 10만 원까지 차이가 나니 결코 적은 금액은 아니다.

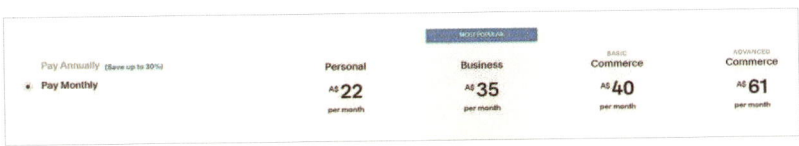

이미지 출처: @스퀘어스페이스

스퀘어스페이스의 또 다른 장점은 서포트가 좋다는 것이다. 24/7 문의가 가능하고 채팅으로 서포트를 받을 수 있다. 일반적으로 무료 CMS 플랫폼을 사용하면 문제가 발생했을 시 필요한 서포트를 제때 받을 수가 없는데, 스퀘어스페이스는 유료로 운영되다 보니 고객에게 문제가 발생했을 때는 가급적 빨리 응답을 해준다. 문제는 영어를 사용해야 한다는 단점이 있긴 하다.

검색 엔진 최적화 기능 부분에서도 생각 이상으로 괜찮았고, 방문자 분석도 꽤 정확했다. 전반적으로 사용자들의 만족도는 높은 편이라, 온라인 창업 입문자들이 온라인 비즈니스를 시작하기에 좋은 플랫폼이라고 생각한다.

* 위에 사용된 이미지는 스퀘어스페이스에서 캡처한 이미지로, 저작권은 해당 업체에게 있다.

04
위블리(Weebly)로 온라인 창업 시작하기

📎 위블리(Weebly)는 2007년에 소개된 소규모 비즈니스를 위한 CMS 플랫폼이다. 2020년 8월을 기준으로 50 million (1 million = 100만)의 사용자들이 위블리를 통해 비즈니스를 하고 있다.[15] 국내에는 다소 생소한 이름의 CMS 플랫폼이기도 할 것이다. 세계 시장 점유율은 대략 0.6%로 추정되어 점유율이 그다지 높진 않지만, 한번 위블리를 사용해본 사람들은 사용과 관리의 편리성 때문에 꾸준히 위블리만을 사용하는 경향이 있다. 굳이 난이도를 따져보자면,

워드프레스 > 윅스 > 위블리

---

[15] Weebly, About Us < https://www.weebly.com/au/about#:~:text=Weebly%20was%20started%20in%202007,by%20Square%20in%20May%2C%202018.>.

이런 순서가 될 것이다. 컴퓨터에 익숙하지 않은 당신이면 일단 위블리로 시작을 하여 어느 정도 실력이 쌓이면 윅스로, 그리고 윅스를 통해 CMS 플랫폼을 이해했다면 워드프레스로 옮겨가는 것도 괜찮은 방법이다. 컴퓨터 실력이 부족한 사람이 처음부터 워드프레스에 도전하다 포기하는 것보다, 시간을 가지고 차근히 CMS 플랫폼에 익숙해지다 보면 어느덧 원하는 경지에 다다를 수 있을 것이다.

위블리: www.weebly.com

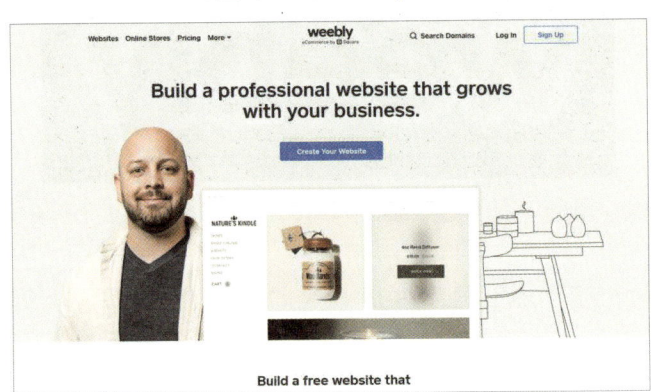

위블리는 윅스와 비슷한 CMS 플랫폼이다. 위블리는 가입 절차가 간단하고 빠르고, 무료 회원으로 등록 시엔 비용 지불 없이 위블리 도메인과 웹 호스팅 서비스를 받을 수 있기 때문에, 온라인 창업 초창기에 많은 자본의 투자 없이도 웹 사이트 제작이 가능하다.

워드프레스와 굳이 비교를 해보자면, 워드프레스 경우 설치형이 아니더라도 가입을 한 후 테마 설치와 기타 기능 설정으로 비즈니스 오픈까지 일정한 시간이 소요되는 데 반해, 위블리는 바로 온라인 비즈니스를 시작할 수 있다는 강한 장점이 있다.

2020년 기준으로 위블리 가입 비용은 아래와 같다. 이 비용은 다른 콘텐츠 관리 시스템 플랫폼보다 저렴한 편이다.

이미지 출처: @위블리

필자의 경험에 의하면 위블리는 윅스(Wix)보다도 사용이 편리하다. 반대로 말하면, 그만큼 윅스보다는 단순하다는 말일 수 있고, 다른 말로 하자면 그만큼 기능이 제한적일 수도 있다는 말이다. 윅스처럼 코딩에 대한 지식 없이도 드래그&드롭 빌더 기능을 사용하여 빠른 시간 안에 웹 사이트 구축이 가능하다.

회원 가입은 아주 간단하다. 일단 웹 사이트에 접속하여 오른쪽 상단에 위치한 버튼 'Sign Up'을 클릭하면 회원 가입 페이지로 이동한다.

다음 단계에서는 신분증에 명시된 이름을 포함하여 이메일과 비밀번호를 입력한다.

이미지 출처: @위블리

　회원 가입 절차를 마치고 나면 아래의 옵션 중에서 어떤 형태의 웹 사이트 제작을 원하는지 둘 중 선택해야 한다. 왼쪽의 옵션은 비즈니스를 위한 위블리 웹 사이트 제작을 원하는 경우, 오른쪽 옵션은 개인적인 용도로 사용될 위블리 웹 사이트 구축이 필요할 경우 해당이 된다. 자신의 경우에 해당하는 올바른 옵션을 선택한다.

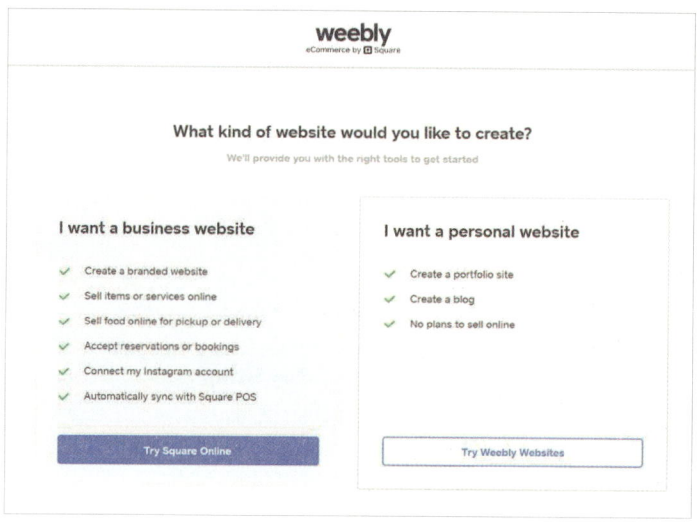

이 책에서는 개인적인 목적으로 사용하는 'personal website'를 선택하였다. 그러고 나면 웹 사이트의 테마를 선택해야 한다.

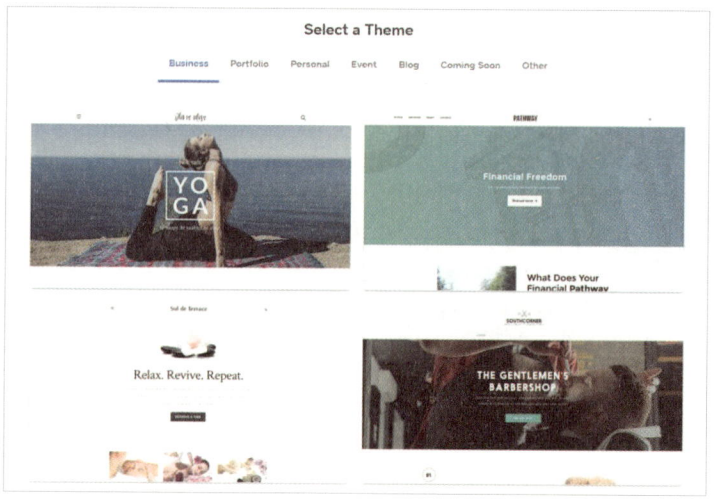

STEP 5 : 코딩을 1도 몰라도 온라인 창업이 가능하다고? 143

마음에 드는 테마를 선택하게 되면 미리 보기 기능이 활성화가 된다. 그리고 오른쪽 상단의 파란색 버튼 'Start Editing'을 클릭하면 테마를 수정할 수 있다.

이미지 출처: @위블리

테마를 수정하기 전에 팝업창이 뜨는데, 도메인에 관련된 3가지 옵션 중에 해당하는 것을 선택한다.

1. 첫 번째, 새로운 도메인 등록
2. 두 번째, 기존의 도메인 사용
3. 세 번째 위블리에서 제공하는 무료 서브 도메인을 사용

이 셋 중의 옵션에서 선택을 해야 하는데, 비용이 들지 않고 무료로 위블리 웹 사이트 제작을 원한다면 마지막 옵션 'Use a Subdomain of Weebly.com'을 선택하면 된다.

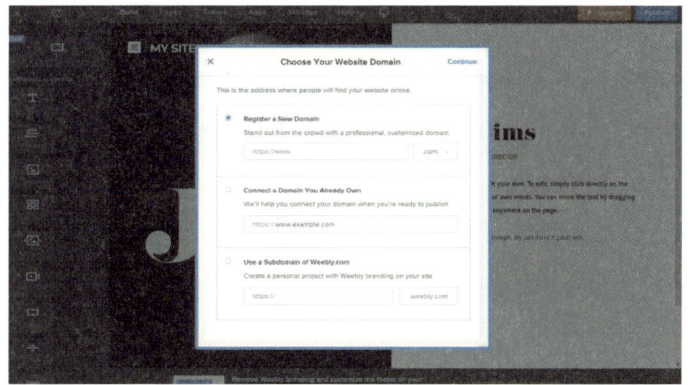

이미지 출처: @위블리

아래와 같이 본인이 원하는 주소를 삽입하고 이용 가능한 주소일 경우 'Domain is available'이라고 표시가 된다. 그러면 오른쪽 상단에 보이는 'continue' 버튼을 클릭하면 다음으로 넘어간다.

이 단계를 거치고 난 후부터는 본격적으로 웹 사이트를 원하는 데로 수정할 수 있다.

혹시나 노파심에 하는 말인데, 위블리를 통해 국내 마케팅을 할 생각이라면 큰 오산이다. 해외 마켓을 타깃으로 영문으로 웹 사이트를 제작한다면 위블리가 좋은 옵션이 될 수 있겠지만, 국내 마케팅을 위해 위블리를 사용한다? 글쎄… 이건 좀 더 생각해보아야 할 사항이다.

국내 마케팅을 목적으로 한다면 국내 무료 블로그를 사용하는 것이 국내 검색 엔진(예: 네이버, 다음)에서 검색에 노출이 잘된다. 위블리 블로그 또는 웹 사이트를 제작하여 국내 마케팅을 정복(?)할 생각은 아예 처음부터 하지 않는 것이 좋다.

05
줌라(Joomla!)로 온라인 창업 도전해보기

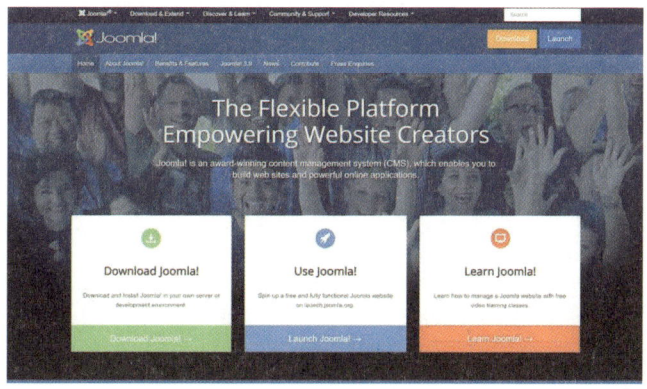

✏️ 콘텐츠 관리 시스템의 일인자인 워드프레스(Wordpress)에 관련된 자료들은 지난 10년 동안 방대해져서 관련된 자료들을 쉽게 찾고 접근할 수 있게 되었다. 워드프레스가 60% 이상의 점유율로 CMS 마켓을 독점하다시피 하고 있는 시점에서 꾸준히 IT 개발자들의 관심을 받아 인지도를 쌓아가고 있는 CMS 플랫폼의 2인자가 있으니, 그것을 바로 "줌라(Joomla!)"라고 부른다. 줌라는 국내보다는 해외에서 많이 사용하고 있다. 하지만 2020년 코로나바이러스로 인해 격변하는 시대를 살고 있는 지금, 쇼피파이(Shopify)의 뒷심에 이인자의 자리가 흔들리는 것도 같다.

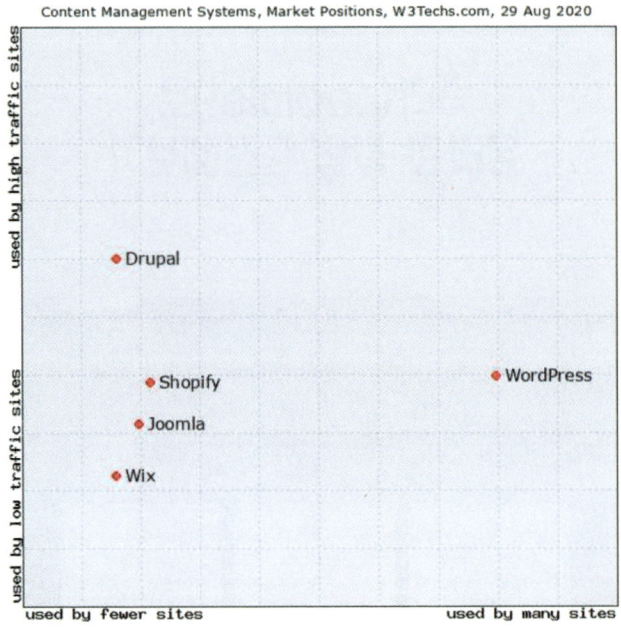

이미지 출처: @w3techs

이 글을 읽는 독자가 웹 프로그래밍 언어와 친숙하지 않은 예비 온라인 창업자라고 한다면 "줌라"라는 말을 들어보지 않은 가능성이 높다. 줌라가 "무료 오픈 CMS 플랫폼"이라 할지라도 지금 이 글을 읽고 있는 당신이 웹 프로그래밍 언어에 대한 기초 상식이 없다면 곧 온라인 창업을 준비하는 당신에게 옵션이 될 수 없다.

하지만 줌라를 언급하는 이유는 차후 비즈니스를 확장할 때 한번쯤 고려해볼 만한 좋은 플랫폼이기 때문이다. 줌라를 이용하여 웹 사이트를 제작하기 위해서는 상당한 수준의 코딩 실력이 요구되고, 배움을 위해 많은 시간과 노력이 필요하며, 웹 사이트 제작 시 발생하는 에러를 해결하기 위해서 어느 정도의 영어 실력도 요구된다. 줌라의 난이도/보안/기능 면에서 두루 보았을 때 워드프레스와 드루팔의 중간쯤이다.

드루팔(Drupal) 〉 줌라(Joomla!) 〉 워드프레스(Wordpress)

줌라의 누적 다운로드는 지금까지 97 million(1 million = 100만) 기록하였고, 현재는 2.5 million(1 million = 100만) 웹 사이트들이 줌라로 구축되어 활성화되고 있다. 줌라를 사용하여 제작된 웹 사이트들은 아래와 같다. 아래의 웹 사이트를 확인해보면 어느 정도의 코딩 실력을 요구하는지 대충은 짐작할 수 있을 것이다.

1. Harvard University- The Graduate School of Arts and Sciences (https://gsas.harvard.edu/)
2. Linux(https://www.linux.com/)
3. The Hill(https://thehill.com/)
4. ITWire(https://www.itwire.com/)
5. United Nations Regional Information Centre for Western Europe(UNRIC) (https://unric.org/en/)

남들이 모두 워드프레스를 사용한다고 해서 나에게 맞지 않는 CMS 플랫폼을 사용하는 것은 오히려 독이 된다. 온라인 창업을 결심했다면 사전에 충분한 시간을 가지고 준비하는 것이 좋다. 각각의 플랫폼들이 어떠한 성향을 가지고 있는지 리서치해보고 직접 느껴보면서 자신에게 맞는 플랫폼을 결정하면 된다. 어쩌면 줌라는 당신이 찾던, 당신에게 딱 맞는 플랫폼일 수도 있다.

* 위에 사용된 이미지들은 각 해당 업체의 웹 사이트에 방문하여 캡처한 이미지이므로 저작권은 해당 업체에게 있다.

06
드루팔(Drupal)은 어렵지만 괜찮아

✎ 컴퓨터에 관심이 있는 사람이라면 한 번쯤은 어디선가 들어봤을 만한 이름 "드루팔(Drupal)". 쓸데없는 설명을 뒤로하고 일단 결론부터 말을 하자면, 웹 프로그래밍 언어에 친숙치 않은 예비 온라인 창업자가 직접 웹 사이트를 제작하기로 마음을 먹었다면 일단 드루팔은 옵션이 되기에 어려울 수 있다. 드루팔을 파헤치기 위해서는 막대한 시간과 노력이 들기 때문에 온라인 창업 초창기에는 드루팔로 웹 사이트 제작에 시간을 투자하는 그 시간에 다른 것을 하는 것이 효율적이다. 이해를 돕기 위해 CMS 플랫폼의 난이도를 분류해 보았다.

드루팔(Drupal) 〉 줌라(Joomla!)〉 워드프레스(Wordpress) 〉 윅스(Wix) 〉 위블리(Weebly)

드루팔은 워드프레스와 마찬가지로 오픈 소스 CMS 플랫폼으로 무료로 사용 가능하며 CMS 플랫폼 중에서 난이도가 가장 높아 코딩에 익숙지 않은 일반인이 접근하기에 쉽지가 않다.

드루팔은 전 세계 CMS 시장에서 Wordpress, Joomla!, Shopify 다음으로 인기 있고, 2020년 기준으로 대략 2.9%의 점유율을 차지하고 있다. 드루팔의 통계에 따르면 2020년 기준으로 1,041,913개의 웹 사이트가 드루팔 오픈 소스로 제작이 되었다고 하니[16] 워드프레스에 비하면 턱없이 적은 수로 보일 수 있으나, – 드루팔의 특성상 – 대기업과 같은 전문적인 업체와 단체들이 드루팔을 사용하고 있기 때문에 드루팔의 전문성은 워드프레스보다 높다고 할 수 있다.

워드프레스와 드루팔의 가장 큰 차이점은 워드프레스는 사용자 중심에 포커스를 맞춘 콘텐츠 관리 시스템이고, 반면에 드루팔은 개발자 중심에 포커스를 맞춘 콘텐츠 관리 시스템이다. 아무래도 개발자 중심에 포커스를 맞추다 보니 워드프레스보다는 복잡하고 강력한 콘텐츠를 구상할 수 있고, 검색 엔진 최적화, 속도, 그리고 보안 면에서 워드프레스보다 월등하며, 소규모 비즈니스보다는 대기업의 웹 사이트 제작에 주로 사용이 된다. 필자의 실제 경험으로 비추어 보자면,

---

16_ Drupal, Usage Statistics for Drupal Core, <https://www.drupal.org/project/usage/drupal>.

드루팔의 검색 엔진 최적화의 작업 결과는 워드프레스와 비교해도 뒤처지지 않았다.

드루팔의 가장 큰 단점은, 사이트를 구축할 때, html나 php와 같은 웹 프로그래밍 언어의 기본 지식을 요구하기 때문에 초보자가 접근하기에는 많은 어려움이 있으며, 웹 사이트 구축 시 발생하는 에러를 해결하기 위한 관련 자료들이 찾기 어렵기 때문에 고도의 구글링 실력 또한 요구된다.

2020년 기준 드루팔 7 버전 설치를 위한 기본 요구 사항은 아래와 같다.

1. 웹 서버: Apache(추천), Nginx, Lighttpd, 또는 Microsoft IIS
2. 데이터베이스: MySQL 5.0.15 이상, PostgreSQL 8.3 이상
3. PHP: 5.2.4 이상
4. 메모리: 32MB 또는 64MB

드루팔을 사용하고 있는 웹 사이트들은 아래와 같다. 유명한 브랜드 혹은 단체의 경우, 러쉬(Lush), 푸마(Puma), 호주 정부(Australian Government) 등이 있다. 워드프레스는 드루팔의 복잡한 콘텐츠 구성을 따라갈 수 없기 때문에 워드프레스의 레이아웃을 파악을 하고 있는 사람이라면 인터페이스만 보고도 드루팔과 워드프레스의 차이점을 쉽게 알아차릴 수 것이다. 일단, 기능이 많아 보이고 복잡해 보이는 웹 사이트들은 드루팔로 제작된 것으로 생각하면 된다.

온라인 창업 STEP 6

: 온라인 창업이 버겁다면 일단 제휴 마케팅
 (어필리에이트)로 온라인 부업 시작해보기

쿠팡 파트너스로
돈 벌어보기

아마존 제휴 마케팅으로
돈 벌어보기

이베이 제휴 마케팅으로
돈 벌어보기

01
쿠팡 파트너스로
돈 벌어보기

쿠팡 파트너스: https://partners.coupang.com/

🖊 쿠팡은 "한국의 아마존"으로 불린다. 아마존의 제휴 마케팅 시스템을 그대로 국내에 적용하여 수익을 극대화시키고 있다. 쿠팡을 이용하여 수익을 창출하는 방법에는 2가지가 있다.

쿠팡 셀러가 되어 쿠팡 웹 사이트를 통해 제품을 판매하여 수익을 창출하거나, 쿠팡 파트너스가 되어 기존의 쿠팡 셀러의 제품들을 온라인상에 홍보하여 판매가 이루어지면 커미션(수수료)을 받는 방법이다. 아무래도 쿠팡 셀러가 되는 것이 쿠팡 파트너스가 되는 것보다 절차 과정이 복잡하다. 무엇보다 재고가 필요한 경우에는 초기 자본 비용이 들어가기 때문에 금전적으로 부담이 된다. 그렇기 때문에 자본적 또는 시간적 여유가 없는 직장인들 또는 주부의 경우에는 쿠팡 파트너스가 좋은 옵션이 될 수 있다.

쿠팡 파트너스와 같은 형태의 시스템을 전문적으로 Referral Marketing(리퍼럴 마케팅)이라고 한다. 리퍼럴이란 뜻은 주위의 가까운 가족, 친구, 이웃, 그리고 지인들에게 상품이나 서비스를 추천하여 제품을 판매하는 간접적인 프로모션의 한 방법이다. 과거 바이럴 마케팅(Viral Marketing)이 큰 인기를 끌었다면 요즘은 리퍼럴 마케팅을 많은 업체들이 선호하고 있다.

쿠팡 파트너스가 된다는 것을 다른 말로 해보자면 당신은 "쿠팡의 온라인 마케터"로 일하는 것이다. 쿠팡이 당신에게 월급을 주지 않지만, 열심히 쿠팡의 제품을 홍보하고 구매자가 제품을 구매하는 실적에 따라 커미션을 주는 시스템이다.

쿠팡 셀러가 되던, 쿠팡 파트너스가 되던 어떤 방법을 선택하든 간에 언택트 시대에 패러다임 시프트가 발생하고 있는 지금, 쿠팡을 잘 이용한다면 집에서 재택근무를 하면서 수익을 창출할 수 있을 것이다. 지금 이 순간에도 많은 사람들이 쿠팡 파트너스를 신청하여 부업에 도전하고 있다.

물론, 그 과정이 쉽지만은 않다. "쿠팡 파트너스 부업으로 월 매출 얼마를 벌었다."라는 홍보를 심심치 않게 접할 수 있는데 이런 흥미를 유발하는 광고를 보고 "그럼, 나도 한번 쿠팡 파트너스를 해볼까?" 이런 생각을 해볼 것이다. 하지만 막상 해보면 그 결과는 참담할 것이다. 그도 그런 것이, 당신이 본 영상 속의 사람들은 대부분 온라인 마케팅의 고수인 분들로 당신이 투자하는 시간의 몇천 배의 시간과 노력으로 지금의 결과를 만들어 낸 것이지 단 몇 달 만에 이루어진 낸 성과가 아니라는 것이다.

쿠팡 파트너스가 되기를 결심했고 당신이 온라인 마케팅 입문자라고 가정한다면 한 가지 반드시 알아야 하는 것이 있다. 온라인 홍보는 무작정 열심히 한다고 해서 다 되는 것이 아니라 전략적인 마케팅 계획을 세워 부족한 부분을 보완하면서 결과를 만들어 내야 한다는 것이다. 오프라인 마켓에서는 직접 발품을 팔아 거래처를 확보할 수 있지만, 온라인상에서는 거래처가 있는 것도 아니고, 사람의 얼굴을 보고 제품을 구매해달라고 요청을 할 수 있는 상황도 아니기 때문에 현재 가지고 있는 마케팅 실력과 상황에 맞춰 마케팅 계획을 세워야 한다.

쿠팡 파트너스를 시작하기 위해 가장 먼저 해야 할 것은 네이버 블로그를 개설하는 것이다. 국내 시장은 네이버의 점유율이 가장 높기 때문에 네이버 블로그는 반드시 개설해야 한다. 쿠팡 파트너스를 하지 않더라도 어떤 형태의 온라인으로 부업을 생각하고 있다면 네이버 블로그는 선택이 아니라 필수이다.

조금 더 과장해서 말하면, 국내 마케팅을 위해서는 네이버 블로그만 개설해도 된다고 해도 과언이 아니다. 좀 더 적극적인 마케팅을 위해서, 소셜 미디어, 워드프레스(Wordpress), 다음(Daum)의 티스토리(Tistory)와 카카오스토리(Kakao Story) 등을 통해서 동시에 쿠팡의 제품을 홍보하는 것도 좋은 방법이다.

그리고 헛된 기대를 갖는 것은 금물. 갓 개설된 블로그에는 방문자 유입이 발생하지 않기 때문에 쿠팡 제품을 홍보를 하던 다른 온라인 부업을 하던 아무런 효과를 보지 못한다. 블로그를 운영한다는 것은 보통의 노력과 열정으로 할 수 있는 일이 아니다. 온라인 상에서 어느 정도의 인지도(Reputation)를 가지고 있어야 출발이 순조롭다.

그렇게 때문에 블로그를 처음 개설할 때 자신이 관심이 있는 분야나 꾸준히 할 수 있는 분야를 선택하여 최소 3개월 정도는 성의를 다하여 유용한 정보를 담은 글로 꾸준히 포스팅을 한 후, 쿠팡 파트너스를 진행하는 것이 좋다. 성의가 없이 쓰인 100개의 글보다 정성을 다하여 유용한 정보를 담은 10개의 글이 블로그 성장에 도움이 된다.

하지만 요즘에는 네이버가 쿠팡 파트너스로 인해 매출에 적지 않은 타격을 받음으로써 성의 없게 작성된 쿠팡 파트너스 관련 글들이 검색에서 누락이 되거나 블로그 저품질에 걸리는 사례가 증가하고 있다.

네이버는 쿠팡 파트너스를 왜 좋아하지 않을까? 네이버는 검색 엔진이라기보다는 광고 업체이기 때문에 적게는 수십만 원 많게는 수억 원의 광고비를 지불하는 사장님들의 매출을 네이버를 통해서 올려드려야 할 의무가 있다. 그런데 어느 날 쨔~잔! 쿠팡 파트너스가 등장하여 고객을 빼앗기게 되는데 네이버는 이런 쿠팡 파트너스가 좋게 보일 리가 없다.

그렇다고 해서 쿠팡 파트너스 링크를 건 모든 글이 검색에서 상위노출에서 제외된다거나, 검색에서 누락이 되는 것은 아니다. 앞서 말을 했다시피 작성 된 쿠팡 파트너스의 글이 검색되지 않는 이유는 돈을 벌기 위해 작성된 퀄리티가 낮은 포스팅 때문에 그런 것이다. 이 문제점을 해결하기 위해서는 일단 기존의 성의 없이 작성된 쿠팡 파트너스 글을 삭제하고 다시 퀄리티가 높은 포스팅을 작성을 하면 된다. 어느 정도 인지도가 쌓이기 전까지는 쿠팡 파트너스의 링크 사용을 자제하는 것이 좋다.

쿠팡 파트너스가 되는 방법은 인터넷 검색을 하면 단 1초 만에 쉽게 정보를 찾을 수 있기 때문에 여기에서 따로 어떻게 가입하는지 설명은 하지 않겠다.

마지막으로 당부하고 싶은 것이 있다. 요즘은 온라인 상에서 광고를 하게 되면 출처를 명확히 밝혀야 한다. 차후 법적인 문제의 소지가 발생할 수 있으므로 어떤 형태의 광고를 하든지 수입이 발생하면 금액에 상관없이 출처 밝히는 습관을 들여야 하겠다.

02
아마존 제휴 마케팅으로
돈 벌어보기

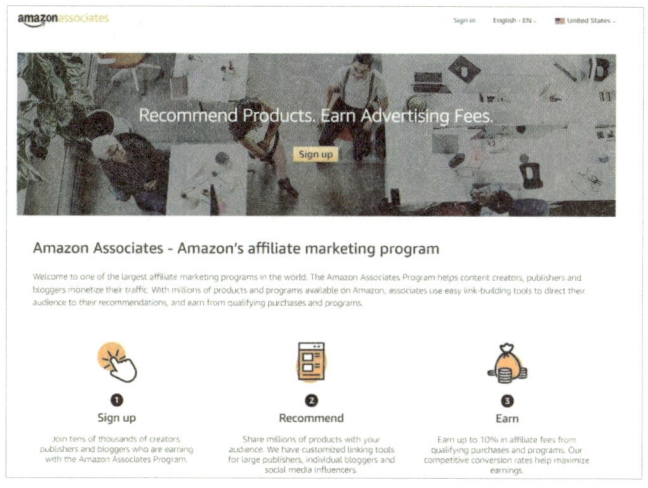

아마존 어소시에이트(제휴 마케팅)
https://affiliate-program.amazon.com/

📎 앞서, 쿠팡 파트너스를 국내의 '아마존'이라고 비유를 했는데, 이번 글에서는 온라인 마켓의 원조인 아마존의 제휴 마케팅(Amazon Affiliate)을 자세하게 알아보겠다.

수익형 블로그를 운영을 하는 사람이면 누구나 한번쯤은 국내/해외 온라인 제휴 마케팅이라는 것에 관심을 가져봤거나, 이미 그것을 하고 있을 것이다. 아마존 어필리에이트 프로그램을 몰랐던 당신이라면 지금 글을 읽는 이 순간부터 관심을 가져도 늦지 않다.

아마존은 아주 오래전부터 제휴 마케팅을 진행해 왔는데 영어로는 어필리에이트(Affiliate)라고 하며 쿠팡 파트너스와 마찬가지로 Referral Marketing이 되겠다. 리퍼럴 마케팅을 다시 한 번 설명을 하자면, 가족, 가까운 친구, 이웃 또는 지인들에게 제품을 홍보 또는 추천하는 것을 말한다.

이 제휴 마케팅 프로그램이 아마존을 키웠다고 해도 과언이 아니다. 특히, 인도에서 IT 좀 하고 돈 좀 있는 사람들이 이 제휴 마케팅을 통해 많은 돈을 벌었고, 지금 이 순간에도 돈을 벌고 있다.

그럼 왜? 사람들은 아마존 제휴 마케팅을 시작하게 되었을까? 뭐니 뭐니 해도 섭섭지 않은 커미션을 받을 수 있기 때문이다. 아래의 표를 보면 커미션은 0%에서 최대 10%까지 다양하다. 특히, 온라인 상에서 부업으로 하기 좋은 카테고리의 커미션이 3%~5% 사이에서 측정이 되고 있기 때문에 쿠팡 파트너스보다 커미션이 높은 것을 알 수 있다.

Associates Program Standard Fees Schedule

For Qualifying Purchases of Products within product categories specified in Table 1 below, the Standard Program Fees accrued will be the corresponding fixed rate of Qualifying Revenue specified in this table:

Table 1 - Fixed Standard Program Fee Rates for Specific Product Categories

Product Category	Fixed Standard Program Fee Rates
Luxury Beauty, Amazon Coins	10.00%
Digital Music, Physical Music, Handmade, Digital Videos	5.00%
Physical Books, Kitchen, Automotive	4.50%
Amazon Fire Tablet Devices, Amazon Kindle Devices, Amazon Fashion Women's, Men's & Kids Private Label, Apparel, Amazon Cloud Cam Devices, Fire TV Edition Smart TVs, Amazon Fire TV Devices, Amazon Echo Devices, Ring Devices, Watches, Jewelry, Luggage, Shoes, and Handbags & Accessories	4.00%
Toys, Furniture, Home, Home Improvement, Lawn & Garden, Pets Products, Pantry, Headphones, Beauty, Musical Instruments, Business & Industrial Supplies, Outdoors, Tools, Sports, Baby Products	3.00%
PC, PC Components, DVD & Blu-Ray	2.50%
Televisions, Digital Video Games	2.00%
Amazon Fresh, Physical Video Games & Video Game Consoles, Grocery, Health & Personal Care	1.00%
Gift Cards; Wireless Service Plans; Alcoholic Beverages; Digital Kindle Products purchased as a subscription; Food prepared and delivered from a restaurant; Amazon Appstore, Prime Now, Amazon Pay Places, or Prime Wardrobe Purchases	0.00%
All Other Categories	4.00%

이미지 출처: @아마존 〈https://affiliate-program.amazon.com/help/node/topic/GRXPHT8U84RAYDXZ〉

　아마존을 통해서 재테크 부업을 할 생각이라면 2가지 옵션 중에서 선택을 하면 된다. 아마존 셀러가 되어 제품을 판매할 것인지 아니면 기존의 아마존 제품들을 내가 홍보를 하여 판매가 이루어지면 일정의 커미션을 받을지 말이다. 쿠팡 파트너스의 개념과 똑같다.

　전자의 경우, 아마존 셀러 계정을 신청을 해야 하는데, 등록 과정이 꽤나 까다롭다. 영어가 익숙하지 않은 분들은 혼자서 진행하기가 어려울 정도이다. 후자의 옵션을 선택하게 되면 부업을 시작하기 위해서 어떠한 자본도 들지 않지만, 상당한 시간과 노력이 필요하다.

실패하지 않는 온라인 창업과 부업을 위해서는 전문가 수준의 온라인 마케팅 지식과 스킬을 가지고 있는 것이 중요하다. 디지털 마케팅은 온라인 창업과 부업의 꽃이라고 할 수 있다. 제품이 아무리 좋아도 구매할 사람이 없으면 아무 소용없는 덩어리일 뿐이니 어떤 방법으로 방문자를 유입을 시킬 것인지 전략을 잘 세워야 한다.

필자의 개인적인 경험에 따르면, 아마존 어필리에이트의 경우, 국내보다는 국외 사용자를 대상으로 하기 때문에 네이버(Naver) 블로그보다는 다음(daum)의 티스토리가 구글 검색엔진에서 검색이 잘 되었고, 티스토리보다는 블로거(Blogger)나 가입형 워드프레스(Wordpress), 페이스북(Facebook), 인스타그램(Instagram), 트위터(Twitter)와 같은 소셜 미디어를 사용하는 것이 검색 엔진에 인덱스(Index: 노출)가 잘 되는 것을 확인했다.

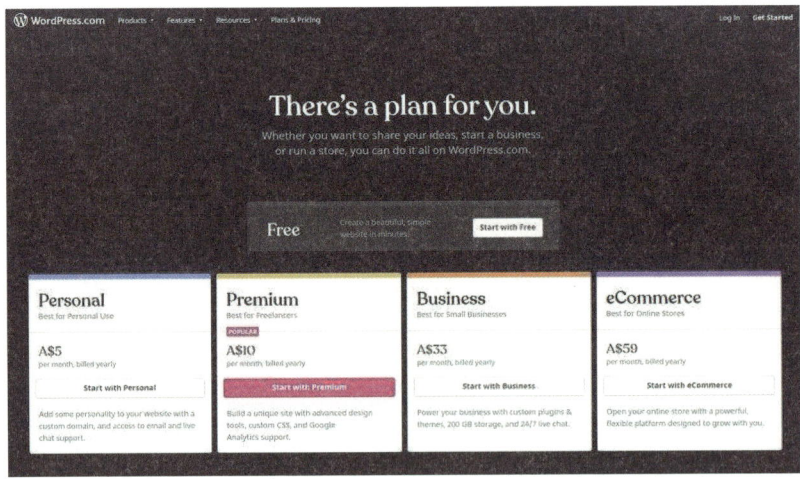

왜일까? 네이버 블로그의 경우 아무래도 네이버 소속이다 보니 네이버에서 적극 밀어주어 네이버 상에서 노출이 잘 되지만, 구글의 경우 양질의 콘텐츠가 사용자에게 도움이 된다면 어떤 플랫폼을 사용하던지 간에 상위로 노출을 시켜준다.

아마존 제휴 마케팅을 위한 리뷰를 작성을 할 때 구글(Google), 빙(Bing), 얀덱스(Yandex), 바이두(Baidu)와 같은 검색 엔진들을 신경을 써야 한다. 구글과 같은 해외 검색 엔진의 경우 글의 정보성과 가독성을 중요시하기 때문에 사용자가 필요한 정보를 한눈에 읽기 쉽도록 잘 정리해야 한다.

아마존 제휴 마케팅을 위한 블로그를 개설했다면 수익을 극대화하기 위해 한글보다는 영문으로 작성해야 한다. 영어 울렁증 있다면 이참에 극복을 할 수 있는 기회로 만들어 보자.

제품 리뷰라고 대충 작성해서는 안 된다. 글의 길이는 500자에서 1000자 내외를 유지를 하면서, 제품에 대한 자세하고 유용한 리뷰를 작성하고 아마존 제품의 링크(백링크- Backlink)를 걸어야 수익과 연결이 된다. 이렇게 아마존은 구글 상위 노출을 위한 중요한 요소인 퀄리티 있는 백링크를 얻는 동시에 어필리에이터들의 홍보를 받을 수 있다. 커미션을 목적으로 자발적으로 홍보가 이루어지기 때문에 그들의 온라인 마케팅은 성공적일 수밖에 없다.

아마존 제품을 영문으로 리뷰하기 위해서 아래와 같은 스트럭처

(Structure)를 유지하는 것이 좋다. 요즘은 구글 번역기가 많이 좋아졌기 때문에 한글로 작성을 한 후 번역기를 돌려도 되지만, 현재 기술로는 복잡한 한글 문법 구조를 구글 번역기가 따라갈 수는 없으므로 한글로 작성을 하고 번역기를 돌릴 경우에는 최대한 문장의 길이를 짧게 유지하고 수식어를 줄여야 영문법의 에러를 줄일 수 있다. 구글 검색 엔진은 영문법의 에러나 스펠링 오타도 검색에 중요하게 생각하기 때문에 가급적 이런 사소한 에러들은 하지 않아야 한다.

영문 콘텐츠 구성

- 서론- 100~150자
- 본론 1- 150자
- 본론 2- 150자
- 결론- 100~150자

위의 구조를 유지하면 최소 500자 이상의 퀄리티 있는 제품 리뷰가 가능해진다. 단락이 시작되는 첫/마지막 문장에는 제품의 키워드를 삽입하도록 하고 제품의 링크를 도메인 주소로 따로 삽입을 하는 대신, 앵커 텍스트를 이용하는 것을 권유한다. 일단 시간을 줄이기 위해서 자신만의 영문 제품을 위한 리뷰 템플릿을 한번 만들어 보는 것도 시간을 줄이는 방법 중의 하나이다. 이해하기 쉽도록 아래에 예를 들어보겠다. 제품은 Coenzyme Q10이다.

샘플 템플릿

1. Coenzyme Q10…(간략한 소개)…This article explains why you should take Coenzyme Q10. (서론, 큐텐의 간단한 소개와 왜 큐텐을 먹어야 하는지 이유를 2-4 문장으로 간략하게 작성한다. (여기서는 길게 작성할 필요가 전혀 없다.)
2. The main advantage of using Q10 – (본론, 장점)
3. However, there are few side effect of using Q10 – (본론, 단점)
4. In conclusion, there are more advantages than disadvantages…. If you want to purchase Coenzyme Q10, please visit

위의 예시와 같이 전체적인 흐름을 잡을 수 있는 템플릿을 만들어 놓으면 중간에 들어가는 제품의 이름과 정보와 같은 간단한 부분만 수정이 가능하여 글을 발행할 수 있기 때문에 어떤 제품이든지 후기 작성이 가능하고 빠른 제품 리뷰도 작성할 수 있다. 그러다보면 점차 영어에 익숙해질 것이고, 영어에 대한 부담감을 줄일 수 있을 것이다. 지레 겁먹을 필요가 없다. 일단 해보면 된다.

이렇게 영어 실력이 부족한 온라인 창업/부업자의 경우 영문 템플릿을 준비하여 100% 활용만 할 수 있다면 아마존 제휴 마케팅을 시작하는 것도 좋은 방법이다. 경험과 노하우가 쌓인다면 쿠팡 파트너스보다는 더 큰 재미도 느낄 수 있을 것이다.

제품을 리뷰를 할 때, 무조건 장점만을 강조하기보다는 부작용과 단점도 충분히 언급을 하여 Neutral(중간 입장)을 유지하는 것이 좋다.

그리고 아마존 제휴 마케팅으로 수입이 발생한다면 이에 대한 부분을 웹 사이트 푸터(footer) 또는 글의 마지막에 언급을 하는 것을 습관화하도록 하자. 과거에는 존재하지 않았던 인터넷 법들이 계속 생겨나고 있으며 이에 대한 불이익을 받지 않으려면 항상 투명성 있게 행동하는 것이 좋다. 아마존 어필리에이트 회원 가입에 대한 절차는 간단한 검색으로도 쉽게 찾을 수 있기 때문에 따로 설명을 하지 않겠다.

03
이베이 제휴 마케팅으로 돈 벌어보기

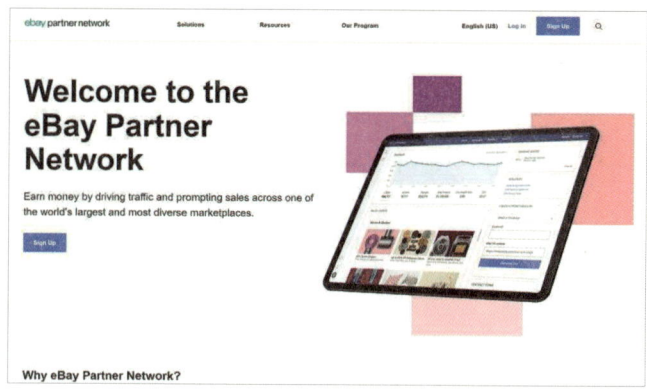

이베이 파트너 네트워크: https://partnernetwork.ebay.com

🖋 아마존 어필리에이트 제휴 마케팅에 대해서 알아보고 어떠한 방법으로 해외 사용자를 대상으로 영문 리뷰를 써야 하는지 알아보았다. 이번 글에서는 이베이 파트너 네트워크(Ebay Partner Network)에 대해서 알아보도록 하겠다.

앞서 설명을 했지만 제휴 마케팅이란 온라인에서 판매를 하고 있는 판매자의 제품을 대신해 홍보/프로모션을 해주고 상품 판매의 실적에 따라 일정한 금액의 커미션(수수료)을 받는 온라인/인터넷/디지털 마케팅을 말한다.

제휴 마케팅에는 국내 제휴 마케팅과 해외 제휴 마케팅 이 두 가지가 있다. 코로나 바이러스로 인해 영화 속에서만 보던 비대면 사회가 현실이 되고, 재택근무가 더욱 활발해졌으며, 밖에 나가 있는 시간보다 집에서 머무는 시간이 많아짐에 따라 사람들은 본능적으로 온라인을 통한 생계 수단을 찾고 있다. 이러한 시점에서 비대면 배달 서비스를 도입한 쿠팡의 사용과 인기는 급속도로 높아졌다. 쿠팡 파트너스 제휴 마케팅으로 수익을 올리고 있다는 후기들이 많이 올라오고 있다. 고수의 온라인 마케터들의 경우 쿠팡 파트너스 제휴 마케팅만으로 적게는 몇 십만 원부터 많게는 남들의 한 달 연봉의 수익 창출을 하고 있다고 하니 인터넷 마케팅에 무지한 나도 한번쯤은 '혹? 나도 어쩌면?'이라는 기대를 가지게 된다. 그런데, 막상 시도를 해보면 결과는 참담할 것이다. 고수들이 괜히 고수가 되었겠는가?

국내에도 다양한 제휴 마케팅이 있지만 해외에도 다양한 제휴 마케팅이 존재하고 커미션(수수료) 또한 높기 때문에 한번 도전해 볼만 하다. 그중에서도 이베이 파트너 네트워크가 인기 제휴 마케팅 중의 하나로 손꼽힌다.

많은 사람들이 이베이를 통해서 상품을 구매를 한 경험이 있을 것이다. 하지만 이베이 제휴 마케팅 프로그램으로 돈을 벌 수 있을 것이라고 생각을 해본 사람들은 많이 없을 것이다. 아마존 어필리에이트와 같이 이베이 상품을 홍보하고 판매가 되면 커미션을 받는 형태로 국내 쿠팡 파트너스보다 커미션이 높다.

Category	Sub-Category	% of Sale	Cap (USD)
Business & Industrial	Business & Industrial	2.5%	$225
Collectibles	Art & Antiques; Coins & Paper Money; Crafts; Dolls & Bears; Entertainment Memorabilia; Miscellaneous Collectibles; Pottery & Glass; Sports & Leisure; Stamps, Toys, Hobbies, and Games	3.0%	$550
Electronics	Cameras & Photo; Cell Phones & Accessories; TV, Video & Audio; Video Games & Consoles	2.0%	$550
	Computers, Tablets & Networking	1.5%	$550
Fashion	Clothing, Shoes & Accessories; Health & Beauty; Jewelry & Watches	4.0%	$550
Home & Garden	Alcohol & Food, Appliances, Baby, Miscellaneous Home & Garden, Pet Supplies	3.0%	$550
Lifestyle	Gift Cards & Coupons, Miscellaneous Lifestyle, Musical Instruments, Sports, Tickets & Events	3.0%	$550
Media	Books, Comics & Magazines, DVDs & Movies, Music	3.0%	$550
Parts & Accessories	eBay Motors	4.0%	$100
	Vehicle Parts & Accessories	3.0%	$550
Real Estate	Real Estate	1.0%	$100
All Other	All Other	4.0%	$550

이미지 출처: @이베이

위에 언급된 표를 보면 이베이의 커미션은 1%~4%까지 다양한데, 아마존 어필리에이트보다는 커미션이 적게 측정이 되어 있는 것을 확인할 수 있다.

이베이의 파트너가 되겠다고 결심을 했다면 실전에 옮길 수 있는 추진력과 행동력이 요구된다. '하긴 해야 되는데…'라는 생각을 하며 가만있거나 누워있지 말고, 클릭 몇 번으로 간단한 블로그를 만들 수 있으니, 만들어라! 영어에 익숙지 않은 사람이면 네이버 블로그와 티스토리를 적극 추천하고, 영어에 익숙한 사람이면 블로거(Blogger)와 워드프레스(Wordpress)를 추천한다. 손가락 몇 번의 클릭만으로도 블로그를 만들 수 있으니 얼마나 좋은 세상에 살고 있는가? 지금 당장 글을 쓰지 않아도 되니 일단 만들고 본다. 블로그를 개설하고 다시 침대 속으로 들어가서 이베이에서 어떤 상품을 홍보를 할 것인지 누워서 생각해보자. 명심할 것은 내가 팔고 싶은 상품을 선택하여 홍보하기보다 리서치를 통해 많이 팔린 상품을 찾아서 그중에 마음에 드는 상품을 골라서 홍보해야 된다는 것이다.

블로그를 개설하라고 권유하는 이유는 이베이 파트너 네트워크 등록을 위해서 어카운트 이름, 주소, 전화번호 외에도 웹 사이트/블로그/소셜 미디어 주소를 제출해야 하기 때문이다.

이미지 출처: @이베이

이전 글에서는 제휴 마케팅을 위해서 어떤 블로그를 개설해야 검색 엔진에 노출이 잘 되는지, 영문 콘텐츠는 어떻게 작성하면 되는지 알아보았다. 영문 콘텐츠를 스스로 작성할 자신이 없다면 아웃소싱(Outsourcing)을 하는 방법이 있다. 아웃소싱이란, 업무의 효과와 극대화를 위해서 제3자에게 위탁하여 업무를 처리하는 방법을 말한다.

예를 들자면, 프로젝트를 하청 업체에게 위탁하는 것을 말한다. 이 방법은 비용이 들기 때문에 웹 트래픽(Web Traffic- 방문자 유입)이 발생되기까지 비용이 든다는 단점이 있지만, 영문 콘텐츠를 쓰는 전문가에게 맡겨 양질의 콘텐츠를 작성할 수 있다면 빠른 효과를 볼 수 있을 것이다. 국내에서 아웃소싱으로 좋은 곳으로 크몽(https://kmong.com/), 재능 넷(https://www.jaenung.net/), 오투잡(https://www.otwojob.com/main/)등이 있다.

영문 콘텐츠를 쓰는 전문가가 검색 엔진에 노출이 잘되는 글을 써 줄 수 있다면 더할 나위 없이 좋기 때문에 어느 정도 온라인 콘텐츠에 대한 개념과 경험이 있는 사람을 찾는 것이 중요하다. 하나의 글을 쓰더라도 구글 검색 엔진의 최적화 요구 조건에 맞게 쓰인 글이 노출이 잘 되기 때문이다.

성공적인 이베이 파트너 네트워크를 계획한다면 개인이 관리할 수 있는 범위에서 다양한 블로그와 소셜미디어를 개설하여 이베이 제품을 홍보하는 방법이 온라인 마케팅 입문자들이 가장 많이 선호하고 현실적으로 할 수 있는 방법이다. 이런 행위를 "Build Backlinks"라고 하는데, 원래는 이베이가 해야 되는 일을 당신이 해주고 있는 셈이다.

제휴 마케팅을 진행하다 보면 흥미가 생겨나 더 많은 블로그를 관리할 수 있는 방법이 없는지 찾아보게 된다. 그러다가 유혹에 빠져 비용을 지불하고서라도 가짜 계정을 구매하기도 한다. 이런 행위는 엄연히 불법이기 때문에 절대 하지 말아야 한다. 설령 가짜 계정을 구매하여 이베이 제품을 홍보한다 치더라도 가짜 계정임이 발견이 된다면 아이디/블로그가 영구 삭제될 수 있다. 그렇게 되면 그동안의 모든 노력은 헛수고가 되니 시간이 걸리더라도 투명하고 안전하게 온라인 마케팅을 진행해야겠다.

온라인 창업 STEP 7

: 알면 온라인 창업 시 도움이 될 만한 것들

온라인 쇼핑몰 매출 증대를 위한
18가지 디지털 마케팅

검색 엔진 최적화 SEO
작업 시 발생하는 법적인 문제

검색 엔진 최적화에 유용한
SEO 툴 총정리

구글 온라인 마케터가 되기 위한
자격증 시험 종류

유튜브(Youtube) 동영상 마케팅을
과연 해야 할까?

구글 검색 엔진의 역사

01
온라인 쇼핑몰 매출 증대를 위한 18가지 디지털 마케팅

온라인 쇼핑몰 매출 증대를 위해서는 현명한 디지털 마케팅 전략이 필요하다. 수많은 마케팅 전략 중에 검색 엔진 전문가들이 주로 진행하고 있는 18가지의 마케팅 기법을 정리해보았다.

1. 전문적인 토픽으로 양질의 콘텐츠 만들기(Contents Creation)

웹 사이트 트래픽(방문자)을 증가시키기 위해서는 양질의 콘텐츠를 작성하여 블로그/웹 사이트에 게시를 해야 한다. 양질의 콘텐츠를 작성하기 위해서는 사전 리서치를 선행해야 한다. 과연, 어떻게 하면 좋은 콘텐츠를 작성할 수 있을까?

1. 타깃 구매자 확인: 온라인 판매를 극대화시키기 위해서는 충분한 시장 조사가 필요하고 이에 따라 타깃 구매자/소비자들을 정확히 파악해야 한다.
2. 검색 엔진 최적화 진행: 검색 엔진에서 주로 사용되는 검색 키워드나 주제를 확인해 보고, 그에 관련된 콘텐츠를 작성한다. 구글 써치 콘솔

(Google Search Console)을 통해서 방문자를 유입시키는 키워드를 구글 애널래틱스(Google Analytics)를 통해 웹 사이트 분석이 가능하다.

3. 게시글 작성: 게시글은 웹 트래픽을 발생할 수 있는 흥미로운 주제에 관하여 쓴다. 내가 관심이 있는 분야이기 때문에 남들도 관심을 가질 것이라는 착각을 하면 안 된다. 키워드 검색 기능을 이용하여 소비자들이 무엇을 찾는지 정확하게 파악한 후, 게시글을 작성하는 것이 좋다.

4. 게시글 발행: 게시글을 발행하기 전에는 기본적인 맞춤법 검사 및 영문법 스펠링&문법 오류가 있는지 확인한다.

5. 온라인 마케팅: 웹 트래픽을 발생시키기 위해 블로그, 페이스북, 인스타그램 및 소셜 미디어 등을 효율적으로 이용하여 무료/유료 온라인 마케팅을 진행한다.

2. 온라인 무료&광고(Free&Paid Advertising)

온라인의 광고에는 무료와 유료 광고가 있다. 무료 광고를 진행할 수 있는 곳은 커뮤니티 사이트, 소셜 미디어, 블로그, 그리고 배너 익스체인지(Banner Exchange) 등이 있다. 무료 광고의 경우 당장은 효과가 나타나진 않지만, 꾸준히 하면 웹 트래픽이 서서히 증가한다.

유료 광고는 진행하는 동안은 웹 트래픽이 발생을 하고, 기간이 끝나면 트래픽이 마법처럼 사라진다. 유료 광고의 대표적인 예로 구글 애즈, 네이버 키워드 광고, 소셜 미디어 SNS을 통한 인플루언서 광고, 언론 광고, 리타겟팅 광고 등이 있다.

3. 소셜 미디어 시그널 받기(Organic social media)

소셜 미디어 마케팅 결과가 구글 검색 엔진 최적화에 직접적인 영향을 끼치는 요소는 아니다. 구글은 왜? 소셜 미디어를 중요하게 생각하지 않을까? 소셜 미디어 계정은 아무나 만들 수 있고, 정보에 대한 정확성이 떨어지며, 쉽게 조작이 가능하기 때문이다.

관심을 가지고 자세히 보면 알겠지만 소셜 미디어의 계정을 많은 사람들이 팔로우(Follow)를 한다고 해서 웹 사이트의 랭킹이 검색 엔진 검색 순위에서 올라가진 않는다. 그래서 소셜 미디어 마케팅이 매출의 증대에 별 효과를 보지 못한 기업들 중 소셜 미디어 계정을 운영하지 않겠다고 선언한 곳도 점점 늘어나는 추세이다.

비록, 소셜 미디어 마케팅이 구글에서 웹 사이트 랭킹을 올려주는데 기여하진 않지만 방문자를 유입해 주는 유용한 도구임에는 맞다.

4. 구글 애널리틱스를 이용한 웹 사이트 분석(Google Analysis)

구글 애널리틱스 서비스는 무료이다. 무료인데 사용을 하지 않을 이유가 없다. 구글 애널리틱스를 사용하기 위해서는 이용자의 구글 계정과 웹 사이트만 소유하고 있으면 언제든지 등록하여 사용 가능하다. 온라인 상에서는 웹 사이트 분석 서비스를 제공하는 업체들이 많이 늘어나고 있는데, 구글 애널리틱스를 100% 활용할 수 있다면 유료 서비스를 사용하지 않아도 된다. 구글 애널리틱스 보고서는 원하는 정보만 설정하여 맞춤형으로 제작이 가능한데, 여기에는 방문자에 관한 방대한 데이터를 제공받을 수 있기 때문에 온라인 쇼핑몰 창업을 시작한 초보 창업자들에게 매우 유용하다.

5. 지역 검색 등록(Local SEO)

오프라인 비즈니스(가게 및 점포)를 운영하면서 온라인 웹 사이트를 함께 운영 중이라면 당장 온라인 상에서 지역 검색 정보에 대한 최적화 작업을 진행하는 것이 좋다. 왜냐하면 구글 검색 엔진은 지역 검색 정보를 수집하기 위해 콘텐츠, 소셜 미디어, 사용자 리뷰 등을 참조하는데, 이 모든 정보들을 수집 취합하여 관련성이 높은 비즈니스를 우선순위로 노출시키기 때문이다. 구글 비즈니스 등록은 https://www.google.com/business에서 가능하다. 비즈니스 등록에는 몇 주의 시간이 소요된다. 비즈니스에 등록된 업체 주소로 구글은 코드 넘버가 담긴 우편을 발송을 하는데, 이 번호를 기입을 해야지만 등록이 완료된다.

6. 글로벌 검색 등록(Global SEO)

글로벌 검색 등록은 지역 검색 등록과는 반대로 해외로 수출을 하는 글로벌 업체들이 진행하는 것이다. 진행 방법은 앞서 언급한 지역 검색 정보와 같다. 글로벌 검색 등록을 해야 하는 비즈니스라면 아마 다른 언어로 번역이 가능할 것이다. 워드프레스를 사용할 경우 플러그인을 설치하여 다국어 기능을 활성화 할 것이고, 다국어 플러그인들은 자동으로 "hreflang" 태그를 생성시켜 별도의 코딩 없이도 검색 엔진 최적화 향상에 도움을 준다. 이 글을 읽고 있는 당신이 온라인 창업 입문자라면 골치 아프게 방금 언급된 hreflang이 무엇인지 지금은 굳이 알 필요가 없다.

7. 내부 최적화(On-Page SEO)

내부 최적화란, 인터넷에 익숙하지 않은 당신이라면 이 단어가 어렵고 생소하게 들릴 것이다. 알고 보면 그리 어려운 단어도 아니고, 콘셉트도 아니다.

쉽게 풀어 설명해 보자면, 건축 회사(웹 개발자)가 아파트(웹 사이트를)를 짓고, 첫 주택 구매자에게 판매를 할 때 구매자(여기서 당신이 구글이다.)들이 마음에 들도록 아파트 내부를 구성을 바꾸는(최적화) 것이라고 보면 된다. 이때 붙박이장을 넣을 수도 있고, 가스레인지 대신 인덕션을 설치할 수도 있다. 이렇게 웹 사이트를 수정해 가면서 구글이 신뢰할 수 있는 웹 사이트로 업그레이드하는 것으로, '채워나간다'는 의미로 생각하면 된다.

과거에는 많은 온라인 마케터들이 내부 최적화의 중요성을 충분히 인지하지 못 하고 외부 최적화에만 신경을 썼다. 왜냐하면 그 당시에는 구글이 백링크에 중점을 두어 구글 순위를 측정하였기 때문이다.

또한, 내부 최적화를 위해서는 html, css 또는 자바 스크립트와 같은 웹 프로그램 언어를 할 수 있어야지만 내부 최적화를 진행할 수 있었기 때문에 접근성이 좋지 못했다.

하지만 근래에는 콘텐츠 관리 시스템의 보편화로 인해 온라인 마케터들이 직접 내부 최적화를 진행할 수 있게 되었고, 그 중요성이 강조가 되고 있다. 내부 최적화를 진행하지 않은 채 외부 최적화를 진행하는 것은 마치 "밑 빠진 독에 물을 붓는 격"이다.

8. 외부 최적화(Off-Site SEO) & 퀄리티 Backlink 만들기(Quality backlinks)

내부 최적화가 어느 정도 진행이 된 상태에서 외부 최적화를 진행하면 된다. 필자의 경험을 바탕으로 말하면, 외부 최적화를 먼저 진행하게 되면 수많은 '잡일'들이 발생하고 그 잡다한 문제점들을 해결하기 위해 많은 시간과 노력 그리고 비용이 드니 어느 정도의 내부 최적화를 마치고 외부 최적화를 진행하는 것을 권유한다.

그러면 과연 외부 최적화라는 것은 무엇인가? 자꾸 어려운 용어만 나와서 머리가 아프겠지만, 개념만 이해하면 어려울 것이 전혀 없다. 당신이 온라인 창업을 시작하게 되면 앞으로 자주 접할 단어이기 때문에 개념을 확실히 이해하고 넘어가도록 하자. 여전히 개념이 이해가 되지 않는다면 필자의 브런치에 방문하여 댓글을 남겨주길 바란다. 최선을 다해 설명을 해드리겠다.

"외부 최적화"란, 많은 사이트들에서 나의 온라인 비즈니스/웹 사이트를 구글에 소개 혹은 추천하는 것이다. 다시 말하면 쿠팡 파트너스의 경우 자발적으로 내 블로그에 쿠팡 제품의 링크를 거는데, 이런 행위가 외부 최적화 작업 중의 하나이다.

이런 백링크가 많으면 많을수록 좋지만, 더 중요한 것은 바로 백링크의 "질"이다. 백링크의 질은 구글 랭킹 순위에 매우 중요한 역할을 한다. 아래의 이미지를 보면 외부 최적화의 비율은 20.26%나 된다.[17]

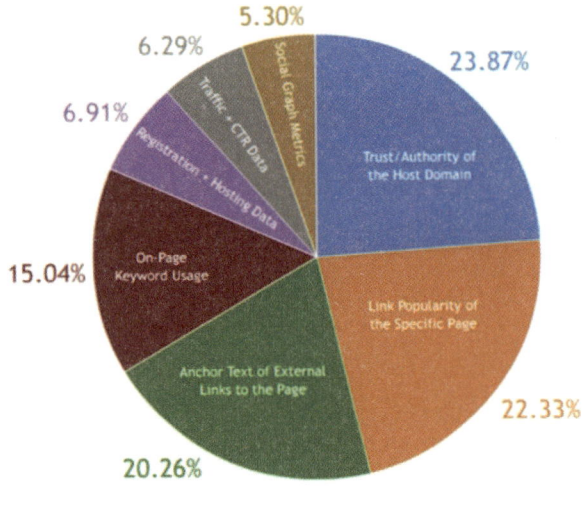

백링크의 "질"이 중요하다고 말을 했다. 온라인 상에서 나와 어울리는 "이웃의 질"이 좋아야 한다는 말이다. 내가 웹 사이트를 만들고 열

17_ Brian Clark, Does SEO Copywriting Still Matter? < https://copyblogger.com/seo-copywriting-matter/>.

심히 온라인 마케팅을 진행하고 있는데, 어느 날 '짠~!' 어디 들어본 적 없는 성인 또는 도박 웹 사이트에서 나를 언급한다면 대략 난감 하면서 화가 날 것이다. 어떻게 키워 놓은 웹 사이트인데 말이다. 구글은 이런 백링크의 "질"을 중요하게 생각하고 이것이 구글 검색 순위에도 영향을 미치기 때문에 이런 저질의 백링크를 발견하는 즉시 조치를 취하는 것이 좋다. 이럴 땐 어떻게 해야 할까? 이 책을 읽다보면 해결 방법을 찾을 수 있으니 꼼꼼히 정독을 하면서 읽어 나가길 바란다.

9. 언론 홍보(Media coverage and public relations)

공신력이 있는 주요 미디어 업체들을 통해 비즈니스/브랜드를 홍보하고 인지도를 높이면 웹 사이트 트래픽을 높일 수 있다. 언론사를 통해 광고를 진행하기 위해서는 비용을 지불해야 한다.

언론 홍보의 경우, 비용이 너무 많이 들어 부담스럽다면 본인이 언론사를 차리는 방법도 있다. 온라인 창업을 꼭 인터넷 쇼핑몰을 할 필요가 없다. 글 쓰는 것을 좋아하고 정치, 사회 등 세상살이에 관심이 많다면 온라인 창업을 "언론사"로 정하고 웹 사이트를 제작하고 온라인 마케팅을 진행하면 된다.

10. 게스트로 포스팅하기(Guest posting)

게스트 포스팅이란, 다른 블로그나 웹 사이트에 콘텐츠를 발송하여 글을 발행하는 것을 말한다. 소셜 미디어의 '공유하기' 기능과는 다른 개념이다. 비즈니스 제품/서비스와 관련이 있는 웹 사이트 혹은 공신력이 있는 곳에 글을 기고하는 것이 좋다. 경우에 따라서 일정 금액을 지불하고 게스트 포스팅이 가능하니, 요청을 하기 전에 웹 사이트의 도메인 Authority와 트래픽을 확인 하고 결정하는 것이 좋다.

11. 메일 발송(Email marketing)

고객의 동의를 받아 합법적으로 수집된 이메일 주소로 뉴스레터/프로모션 이메일을 꾸준히 발송한다. 구독자/고객에게 흥미가 가는 새로운 콘텐츠를 주기적으로 발송하는 것은 웹 사이트 트래픽 증가에 효과적이다. 워드프레스를 사용하게 되면 손쉽게 뉴스레터를 신청하는 무료 플러그인을 설치하여 이메일을 수집할 수 있다. 하지만 좀 더 적극적으로 사용자의 정보를 수집하고 싶다면 팝업 기능이 가능한 유료 뉴스레터 플러그인을 사용하면 더 좋은 효과를 볼 수 있다.

워드프레스를 사용한다면 이메일 발송 서비스를 편하게 도와주는 플러그인이 있다. 메일 침프(Mailchimp)라는 것인데, 다양한 이메일 템플릿부터 발송, 그리고 분석 기능까지 제공함으로써 이메일 마케팅이 필요하다면 설치하여 사용하는 것을 적극 추천한다.

웹 사이트: https://mailchimp.com/integrations/wordpress/

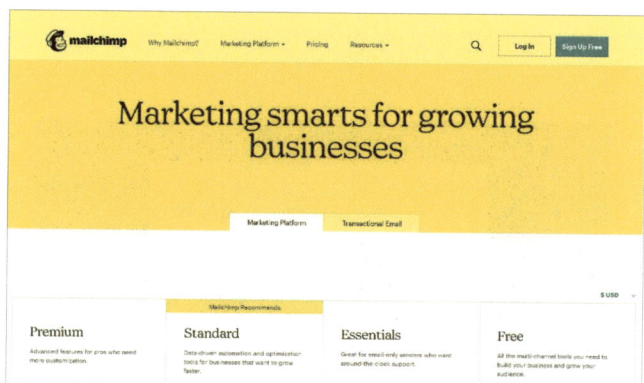

이미지 출처: @메일침프

　월 사용료는 $0부터 $299까지 다양하며 사용료에 따라 제공받는 서비스가 다르니 잘 확인하고 선택하면 된다. 일반적으로 스탠다드 $14.99를 선택하면 불편함 없이 사용 가능하다. 온라인 창업 초반에는 무료 계정을 사용하면 된다. 어느 정도 웹 트래픽이 발생하고 수익이 발생하고 난 뒤 유료 플랜으로 바꾸어도 늦지 않다.

12. 비디오 마케팅(Video marketing)

　유튜브로 인해 사람들의 인터넷 사용의 패러다임이 정적에서 동적으로 바뀌었다. 이제는 동영상 콘텐츠가 선택이 아닌 필수가 되었고 Cisco의 리서치에 따르면, 2017년에 전체 IP 트래픽에서 75%를 차지했던 전 세계 IP 비디오 트래픽의 비중은 2022년에 82%로 상승할 것으로 전망했다.[18] 비디오 마케팅을 인스타그램, 페이스북, 트위터 등

---

[18] CISCO, Cisco 비주얼 네트워킹 인덱스 2017~2022 전망 및 추세 <https://www.cisco.com/c/dam/global/ko_kr/solutions/service-provider/visual-networking-index-vni/pdfs/white-paper-c11-741490-kr.pdf>.

소셜 미디어 플랫폼과 함께 한다면 그 시너지를 극대화할 수 있으니, 유튜브 채널을 더 늦기 전에 시작을 해보는 것이 어떨까?

13. 음성 검색 최적화(Voice search optimization)

갈수록 검색 엔진의 음성 검색은 점점 늘어나고 있는 추세로, 이 또한 검색 엔진 노출 순위에 영향을 미치고 있다. PwC의 리서치 결과에 따르면 4명 중에 3명은 음성 검색 인식을 사용하고 있다고 한다. 그럼 어떻게 음성 검색 최적화를 진행하면 될까? 일반적으로 음성으로 검색을 할 때 사람들은 완전한 문장을 말한다. 그렇기 때문에 이제는 키워드를 이용한 간결한 검색 대신 키워드가 담긴 긴 문장을 사용할 때이다.

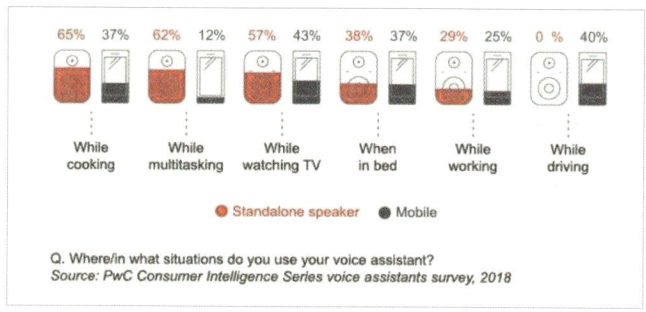

이미지 출처: @PwC

14. 이벤트/공모전/경품 진행(Events/Contests/giveways)

소셜 미디어(페이스북, 인스타그램, 트위터)를 통해 이벤트 응모, 참여, 공모전 및 경품 진행 등을 통해 일시적인 온라인 트래픽을 발생시킬 수 있다. 이벤트가 끝나면 트래픽이 빠져나가겠지만, 업체/서비스에 대한 인지도를 올릴 수 있는 좋은 기회가 되니 자신의 재정적 상황에 따라 이벤트의 규모를 결정하고 시기와 기간을 결정하면 되겠다.

온라인에서 이벤트를 준비하기 위해서 아래와 같이 준비해보자.

- 소셜 미디어의 채널 선정- 페이스북/인스타그램/트위터
- 랜딩 페이지 제작: 웹 사이트 내 1페이지의 매력적인 랜딩 페이지 (Landing Page)를 구성하여 특정 콘텐츠로 유도한다.
- 이벤트 상품 준비: 커피 쿠폰, 할인 쿠폰, 무료 체험 등 자사의 제품이나 서비스를 이벤트 상품으로 준비하는 것이 비용 면에서 효율적이고, 광고 효과를 볼 수 있다.

- 광고 디자인 제작: 광고 디자인의 전문가가 아니라면 비용을 지불하고 제작하는 것이 효율이 높다.
- 게시 및 홍보: 웹 사이트와 소셜 미디어를 통해 꾸준히 광고한다.

15. 인플루언서 마케팅(Influencer Marketing)

인플루언서 마케팅은 예전부터 사용해 왔던 마케팅이다. 인플루언서의 정의는 다음과 같다.

Influencer marketing is a form of social media marketing involving endorsements and product placement from influencers, people and organizations who have a purported expert level of knowledge or social influence in their field.

소셜 미디어를 통해 영향력 있는 전문가가 제품이나 서비스를 홍보/광고를 해주는 형태의 마케팅을 말하는데 이들의 영향력이 유명 연예인보다 효과가 높다고 한다.

온라인 창업을 시작한 초기에, 한 분야에서 영향력이 있는 전문가에게 요청하여 제품/서비스에 대한 객관적인 평가를 부탁을 하는 것도 좋은 마케팅 방법 중의 하나이다. 만약 지불을 비용하고 요청을 했다면 그 인플루언서 역시 비용을 지불받은 사실을 대중에게 알려야 한다는 것을 반드시 명심해야 한다. 이에 관련된 자세한 조언은 변호사를 만나 자세한 상담을 할 것을 적극 권유한다.

16. 온라인 커뮤니티 만들기 또는 참여(Community building&engagement)

코로나 바이러스로 인해 삶의 형태가 급격히 바뀌고 사회적 거리라는 생소한 개념이 생겨남으로 사람과의 1:1 접촉이 힘들게 되었다. 많은 만남들이 오프라인에서 온라인으로 이동하고 있는 시점이다. 온라인 창업을 시작했다면, 온라인 상에서 커뮤니티를 만들거나 참여하여 마케팅을 진행하여 웹 트래픽을 발생시킬 수 있다. 어렵다 생각하지 말고, 페이스북에서 그룹을 만들거나 카톡 그룹을 만드는 것부터 시작해보자.

17. 콘텐츠 재가공하기(Content repurposing)

한글로 양질의 콘텐츠를 작성하기 위해서는 기본 1시간 이상 심지어는 24시간, 또는 그 이상의 시간이 소요된다. 만약 영문으로 양질의 콘텐츠를 제작한다면 더 오랜 시간이 걸릴 것이다.

스마트한 온라인 마케팅을 위해 시간을 현명하게 사용해야 하는데 이때 기존의 콘텐츠를 재가공하여 웹 트래픽을 생성시키는 것 또한 검색 엔진 최적화에서 사용되는 방법 중의 하나이다.

하지만 꼭! 명심해야 할 것은 다른 사람의 콘텐츠를 바탕으로 콘텐츠를 재가공을 한다면 소스의 출처를 반드시 밝혀야 하며, 사전에 원작자의 동의를 구해야 한다.

18. 지식 기반 포스트(Academic& Knowledge base posts)

지식 기반 포스트란 교육적인 콘텐츠를 제작하여 필요한 사용자에게 제공하는 것이다. 양질의 콘텐츠와 비슷한 개념인데 다른 점은 좀 더 전문적이라는 것이다. 현재 지식 기반 포스트의 플랫폼으로는 Udemy(https://www.udemy.com/), 탈잉(https://taling.me/)과 같은 웹 사이트들이 있다.

02
검색 엔진 최적화 SEO 작업 시 발생하는 법적인 문제

　온라인/디지털 마케팅과 인터넷 법은 떼려야 뗄 수 없는 관계이다. 요즘은 심심찮게 인터넷 명예 훼손이라던지, 댓글 어뷰징 등으로 발생하는 법적인 문제를 쉽게 접할 수 있다. 이렇게 인터넷의 남용으로 과거에는 없었던 온라인/인터넷 법이 생겨나고 있다.

　그리고 온라인 창업 입문자라면 반드시 기본적인 인터넷 법 정도는 알고 있어야 한다. 물론, 소송이 들어가기 전에는 시정하라는 상대방의 요구가 있기 때문에 한 번 실수를 했다고 해서 바로 소송으로 이어지지 않으므로 너무 걱정할 필요는 없다. 그렇기 때문에 시정 요청이 들어왔을 때에는 미루지 말고 즉각 시정해야 한다.

　온라인 마케팅으로 인해 발생할 수 있는 법적인 문제에는 다음과 같은 예들이 있다.

- 인터넷 명예 훼손
- 저작권 침해
- 사기죄
- 업무 방해
- 기타 불법 행위(예: 댓글 조작)

이 중에서 사이버 명예 훼손과 저작권 침해의 문제가 디지털 마케팅 진행 시 발생할 수 있는 법적인 문제이므로 이 점을 염두에 두고 항상 캠페인을 진행해야 한다. 전자 상거래 등에서의 소비자 보호에 관한 법률(약칭: 전자 상거래법)에 관한 내용은 아래 보이는 주소로 접속하면 확인 가능하다.

https://www.law.go.kr/법령/전자상거래등에서의소비자보호에관한법률

https://www.law.go.kr/%EB%B2%95%EB%A0%B9/%EC%A0%84%EC%9E%90%EC%83%81%EA%B1%B0%EB%9E%98%EB%93%B1%EC%97%90%EC%84%9C%EC%9D%98%EC%86%8C%EB%B9%84%EC%9E%90%EB%B3%B4%ED%98%B8%EC%97%90%EA%B4%80%ED%95%9C%EB%B2%95%EB%A5%A0

(잠시 삼천포로 빠져본다)

바로 위에 깨진 URL 주소가 보일 것이다. URL 주소가 한글로 되어있어서 이런 현상이 발생하는데 이렇게 한글 URL의 경우 주소가 깨지게 되면 보기에도 좋지 않을뿐더러, 구글 검색 엔진 최적화에도 부정적인 영향을 끼친다. 이런 URL의 사용은 자제하는 것이 좋다.

가능하다면 웹 사이트에 사용되는 모든 주소는 영문을 사용하는 것이 좋다.

이렇게 URL 주소가 깨어져 주소가 길어지게 되면 소셜 미디어 사용에도 많은 불편함이 있다. 트위터의 경우 글자 수 제한이 있기 때문에 긴 주소를 사용할 수가 없다. 만약 이용자의 편의를 위해서 한글 주소를 사용하게 된다면 쉽게 접속 가능한 짧은 주소를 안내하는 것이 좋다.

예를 들어, 비틀리(https://bitly.com/) 사이트에 접속을 하여 깨진 도메인 주소를 복사 붙여넣기 하여 넣으면 자동으로 짧은 비틀리 주소를 생성해 준다. 그대로 실행을 하니 https://bit.ly/2FlJcC6 주소가 생성이 되었다. 얼마나 간편하고 사용하기 쉬운가!(삼천포의 끝)

> **알아놓으면 유용한 팁!**
>
> 브라우저에서 한글이 포함된 URL 주소를 복사해서 붙여넣을 경우, URL 주소가 깨지는 현상(URL 인코딩)이 발생한다. 이때는 도메인 주소의 뒷부분만 다시 복사해서 붙여넣으면 한글이 정상적으로 표시된다.

구글에서 검색이 잘 되기 위해 흔히 하는 실수 아닌 실수가 있는데, 바로 메타 데이터에 경쟁 업체의 이름을 삽입하는 것이다. 이전 글에서 메타 데이터를 작성하는 방법에 대해서 알아보았는데, 아래 이미지에 보이는 빈칸에 정보를 입력하면 그대로 구글 검색 엔진에 노출이 된다. 이때 웹 트래픽, 즉 방문자 수를 올리기 위하여 경쟁 업체의 이름을 사용하게 된다면 불법 행위로 문제가 될 수 있으니 경쟁 업체의 정보를 넣지 않도록 한다.

SEO title	Insert variable
Slug	
Meta description	Insert variable
Modify your meta description by editing it right here	

이와 관련하여 호주에서 유명한 판례가 있다. 『Lift Shop Ltd v Easy Living Home Elevators Pty Ltd』[19] 케이스에 서는, Lift Shop(A)과 Easy Living Home Elevators(B)는 경쟁업체로, B는 SEO 마케팅 업체에 문의를 하여 구글 랭킹 순위를 올려달라는 요청을 하였다. SEO 마케팅 업체는 B에게 5개의 키워드를 선정해 달라고 요청하였고, 그들은 'Lift Shop'을 키워드로 결정하였다. 잘못된 키워드의 선정 때문에 이것이 문제가 되어 소송까지 이어지게 되었다. 'Lift Shop'이라는 키워드로 구글에 검색을 하면 A가 검색이 되어야 하는데, B가 검색돼서 상위에 노출되었기 때문이다. 이건 마치 '짬뽕'을 검색했는데 '짜장면'이 검색이 되었다는 느낌이랄까?

---

[19]_ Lift Shop Pty Ltd v Easy Living Home Elevators Pty Ltd [2014] FCAFC 75 (20 June 2014)

SEO 업체의 마케팅 직원들이 온라인에 관련된 어느 정도의 법률 지식이 있었다면 고객이 경쟁 업체의 이름인 'Lift Shop'을 선택하였더라도, 고객에게 상황을 잘 설명을 하고 다른 키워드를 추천해야 했었다. 지금도 그렇지만, 그 당시만 해도 SEO에 관련된 인터넷 법이 없었기 때문에 이 케이스는 호주 소비자 보호법을 적용하였다.

결과는 어떻게 되었을까? B(원고: 소송을 건 당사자/업체)가 패소하였다. 이 판례는 호주에서 SEO 관련한 유명하고 중요한 판례로 남아있다. 코로나의 출현으로 비대면 사회를 빨리 맞이하고 있는 지금, 모든 것이 온라인으로 움직이고 있다. 앞으로 인터넷 법에 관련된 소송들이 늘어날 것이고, 그에 따라 온라인 마케터들은- 저작권의 문제의 경우 국경 상관이 없으므로 -국내/해외 인터넷법을 잘 숙지해야 할 것이다. 변호사(법조인)들은 IT 기술에 관련하여 충분한 지식을 가지고 있어야 케이스를 받았을 때 재판에서 이길 승산을 높일 수 있을 것이다.

또 자주 하는 실수는 바로 '후기 조작'과 '댓글 조작'과 같은 행위이다. 온라인 마케팅에 사용된 Review(리뷰)와 Commenting SEO를 '후기/댓글 조작'으로 규정하기에는 조금은 어감이 센 경향이 없지 않긴 하지만, 넓은 관점에서 보면 같은 맥락이긴 하다. 댓글 사용은 인터넷의 탄생 때부터 지금까지 꾸준히 사용되는 온라인 마케팅 기법으로 Black Hat SEO 테크닉으로 사용되는 경향이 많았다. 지금은 이러한 방법으로 마케팅을 할 경우에는 법적 처벌을 받기 때문에 합법적인 방법으로 온라인 마케팅을 진행하는 업체에서는 이런 식의 마케팅을 진행하지 않는다.

구글 검색 엔진 최적화를 위해서 업체나 개인을 선별할 경우에는 SEO Plan(검색 엔진 최적화 전략)을 잘 들어보는 것이 좋다. 온라인 창업을 혼자서 시작하는 시점에서 합법과 불법 마케팅의 경계를 명확히 알지 못하는 사장님의 경우, 본의 아니게 이런 실수를 할 가능성이 없지 않아 있으니 명심하고 조심해야 한다.

* 면책 공고: 위에 언급된 글은 법률적 자문이나 해석을 위해 제공된 것이 아니다. 이 글에 실려 있는 내용과 관련하여 또는 그 내용의 미흡함으로 인하여 발생하는 어떠한 결과에 대해 필자는 아무런 책임을 지지 아니하고, 구체적인 사안이나 사건과 관련하여 필자에게 법률적 자문을 구하지 아니하며 이 글에 실려 있는 내용에 근거하여 어떠한 행위(작위 및 부작위)를 하지 말기를 당부한다.

03

검색 엔진 최적화에 유용한 SEO 툴 총정리

(무료&유료 검색 엔진 최적화 SEO 도구)

　　📎 온라인 창업을 위해 창업 교육 기관에서 이론과 실무 교육을 받고 실전을 위한 온라인 마케팅에 대한 공부를 하다 보면 24시간이 어떻게 흘러가는지 모를 것이다. 책상에 앉아 손가락 손품으로 삽질 아닌 삽질을 하다 보면 지치기 마련인데, 힘을 내서 '에너자이저' 같은 능력을 가져 보도록 하자.

　　디지털 세상에서 이루어지는 모든 것들은 사람 혼자 할 수 있는 것이 없다. 본의 아니게 소프트웨어의 힘을 빌려야만 가능한 것이 많은 세상이다. 그렇게 때문에 효율적인 온라인 광고를 하기 위해서 알아 놓아야 할 몇 가지의 소프트웨어가 있다. 알아놓으면 당신의 삶을 좀 더 편안하게 해 줄 것이다.

과거에는 SEO 관련 많은 소프트웨어들을 단 한 번의 비용만 지불하면 로컬 컴퓨터에 다운을 받아 평생 사용할 수 있었지만, 요즘에는 별도의 설치가 필요 없는 클라우드 방식을 사용하기 때문에 온라인 상에서 접속하여 사용하면 된다. 이렇게 편리한 대신 매달/매년 지불해야 하는 비싼 비용의 단점이 있긴 하다.

클라우드 계정을 만들어 1번의 연회비를 내고 좀 더 할인 혜택을 받을 수 있지만, 1년 동안은 구매 취소를 할 수 없어 계속 사용해야 한다. 비용이 조금은 들더라도 월 단위로 비용을 내고 사용하다 불편함을 느끼면 다른 플랫폼을 사용해보는 것도 좋은 방법 중의 하나이다. 하나의 SEO 소프트웨어 플랫폼에 익숙해지고 나면, 어떤 플랫폼이라도 쉽게 접근이 가능하니 초반에는 욕심내지 말고 한 가지 플랫폼을 정해서 사용하는 것을 권유한다.

그럼 유용한 SEO 도구에는 어떤 것들이 있는지 다음의 리스트를 참고해보길 바란다.

- AgencyAnalytics
  (https://agencyanalytics.com)

- SEMrush
  (https://www.semrush.com)

- SE Ranking
  (https://seranking.com)

- ahref
  (https://ahrefs.com)

- AccRanker
  (https://www.accuranker.com)

- SpyFu
  (https://www.spyfu.com)

- SEO PowerSuite
  (https://www.seopowersuite.com)

- WooRank
  (https://www.woorank.com)

- Pro Rank Tracker
  (https://proranktracker.com)

- SERP Stat
  (https://serpstat.com)

모든 검색 엔진 최적화 SEO 도구들은 영문으로 제작이 되었다. 어느 정도의 영어 실력을 갖추면 좋겠지만, 영어를 못해도 어느 정도의 트레이닝을 받으면 사용하는 데 문제가 없을 것이다. 사용하는 SEO 전문 용어는 정해져 있기 때문에 해야 할 영어 공부의 양도 정해져 있다는 말이다.

프로페셔널한 SEO 소프트웨어와 기능들을 사용하기 위해서는 평균 연 $1,500~$2,000(대략 한화 150만 원 이상)를 지불해야 한다. 이제 막 온라인 창업을 시작한 개인은 이 정도의 비용을 들여가면서까지 전문적인 SEO 툴을 사용할 필요가 전혀 없다. 비용이 걱정이라면 Pro Rank Tracker를 사용하면 된다. 이 소프트웨어는 Basic 플랜이 $25/월밖에 되지 않기 때문에 부담 없이 시작할 수 있다.

SEO PowerSuite는 $0(무료) 플랜이 있기는 하지만, 무료이기 때문에 사용할 수 있는 기능이 거의 없다고 보면 된다. 그들의 웹 사이트에 가입하고, SEO PowerSuite의 SEO 소프트웨어가 어떻게 생기고 작동이 되는지 확인할 수 있는 정도라고 할까? 가장 많이 사용하는 플랜은 $459/연(대략 한화 $459,000)이다. 필자가 사용해본 결과, 다른 SEO 도구에 비해 비용이 비싸다. 하지만 이 SEO PowerSuite을 추천하는 이유는 이곳에서 제공하는 정보들이 꽤 정확한 편이라 신뢰를 가지고 사용할 수 있다.

어떤 SEO 소프트웨어는 키워드 랭킹 순위가 정확하지 않기도 하기 때문에 가끔은 매뉴얼로 작업을 진행해야 하는 경우도 있을 것이다.

필자가 여러 SEO 도구를 사용해본 결과, 온라인 창업 초보자가 사용하기에 좋은 소프트웨어는 가격 대비 효율성이 높은 SE Ranking이다.

SE Ranking: https://seranking.com

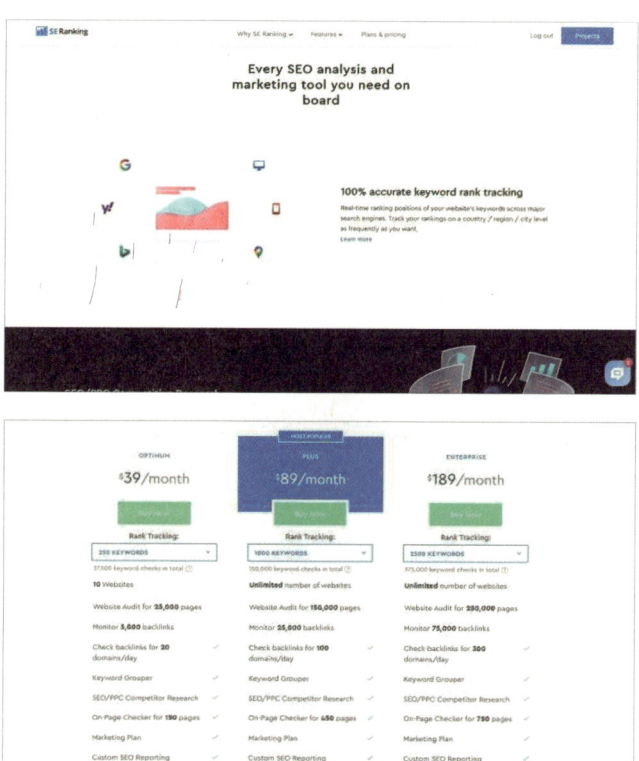

SE Ranking 월 사용료는 $39(대략 한화 40,000원)으로 본인 1개의 웹 사이트를 관리하기에 충분한 기능을 제공하고, 매월 리포트를 자동으로 생성할 수 있어서 검색 엔진 최적화 결과를 눈으로 쉽게 확인할 수 있다.

* 위에 사용된 이미지는 해당 업체 웹 사이트를 캡처한 이미지로, 저작권은 해당 업체에게 있다.

04
구글 온라인 마케터가 되기 위한 자격증 시험 종류
(구글 애널리틱스&구글 애드워즈 동영상 자격증 취득하기!)

✎ 사회적 거리 두기 2.5 단계로 격상 조치되면서, 행동반경에 제한이 생기고 집에서 보내는 시간이 많아짐에 따라 어떻게 시간을 효율적으로 보낼지에 대한 생각을 많이 하게 된다.

이 와중에도 어떤 사람들은 매일같이 성장하고 있다. 지금 하고 있는 것에 대한 노력의 결과가 눈에 보이지 않아 답답할 수도 있다. 하지만 그 평범한 하루의 노력들이 모여 삶을 바꿔 놓는 것을 우리 모두는 알고 있다. 마음 먹은대로 그것을 실행하긴 정말 어렵지만 말이다.

1년이 지난 후에는 나는 무엇을 하고 있을까? 그리고 이 글을 읽고 있는 당신은 무엇을 하고 있을까? 지금과 똑같은 모습으로 살고 있을까? 아니면 조금은 나아진 모습으로 살고 있을까? 코로나 백신이 그때쯤이면 나와 있을까? 지금의 위기는 다 지나갔을까?

모든 것이 온라인으로 이동하는 이 시점에서 어떤 자격증이 포스트 코로나 시대를 살아갈 우리에게 도움이 될 것인지 곰곰이 생각해보아야 한다. 뭐니 뭐니 해도, IT에 관련된 자격증들이 비대면 시대를 살아가야 할 우리에게 많은 도움이 될 것이다.

온라인 창업/부업을 결심하였다면 필수적으로 학습해야 할 분야가 있는데, 바로 디지털 마케팅 혹은 온라인 마케팅/인터넷 마케팅이라고도 한다. 스타강사 김미경 씨가 "온라인에 빌딩을 지으세요."라는 말을 했는데 필자는 이 말에 적극 공감한다. 지금 당장은 아무런 결과가 눈에 보이진 않지만, 나만의 온라인 집(웹 사이트)을 사고 그 속에 물건들(콘텐츠)로 집을 채우고 마케팅을 하다 보면 언젠가는 수익이 발생하거나 다른 기회가 주어질 것이다.

다가오는 기회를 잡으려면 준비가 되어있어야 하는데, 그럼 어떤 유용한 온라인 자격증들로 아이템을 장착해볼까?

이 글을 읽고 있는 당신이 이미 알고 있는 정보일 수도 있다. 구글에서는 구글 온라인 마케터들을 위해 무료로 구글 자격증 시험을 제공하고 있다. 국가고시처럼 공신력이 있는 자격증은 아니지만, 온라인 마케팅의 기본기를 쌓게 해주는 시험이다.

구글 자격증의 장점은, 준비가 되면 시험을 언제든지 칠 수 있고, 비용을 지불하지 않아도 되기 때문에 금전적인 부담이 없어서 좋고, 무엇보다 자격증을 따놓으면 있어 보인다고 해야 할까? 막상 자격증을 받으면 별거 아니라는 것을 알면서도 괜스레 기분이 좋아진다.

구글 애즈 자격증을 취득하고 광고 대행사에 취업을 하면 "나로 인해" 구글 파트너 배지(Google Partner Badge)를 회사에 달 수 있다는 장점도 있다.[20] 회사의 실적이며 지출액들이 구글의 요건에 부합을 하지만, 구글 애즈 자격증을 소지한 직원이 없다면 구글 파트너 배지를 달 수 없다. 이때, 업체가 반드시 구글 광고 대행사일 필요는 없으며, 구글 파트너 조건에 부합하는 업체이면 된다. 국내에서는 아직 보편화가 많이 되진 않았지만, 해외에서는 구글 파트너 배지를 부여받는 웹 사이트들이 점점 늘어나고 있다.

구글은 엄격한 기준으로 회사를 검토하여 배지를 부여하기 때문에, 아무 업체나 배지를 신청 또는 배지를 부여 받을 수 없다. 그렇기 때문에 구글 파트너 배지가 달려 있는 웹 사이트를 보면 좀 더 신뢰가 가는 것도 사실이다. 구글 배지가 있다는 말은, 회사의 실적이 좋고 튼튼하다는 것을 증명하는 것이기도 하다.

---

[20] Google, How to earn google partner badge <https://support.google.com/google-ads/answer/9702452?hl=en-AU>; <https://support.google.com/google-ads/answer/9702452?hl=ko>.

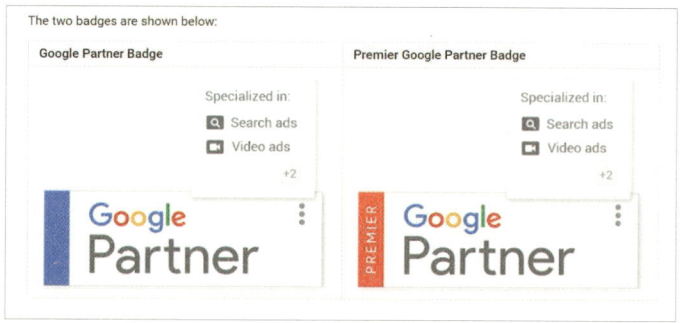

2020 파트너 배지를 획득하기 위해 고려해야 하는 요건(2020)

1. 회사의 실적:

    관리자 계정에 연결된 고객 계정을 18개월에 걸쳐 평가한다. 또한 관리자 계정에 최소 12개월 이상의 지출 활동이 기록되어 있어야 한다.

2. 지출액:

    관리 계정을 모두 합산한 90일 광고 지출액이 미화 10,000 달러 요건을 충족하여 회사의 활발한 운영 상태를 입증해야 한다.

3. 인증:

    회사에 Google Ads 인증 취득 사용자 1명이 있어야 하며, 이 사용자는 회사의 Google Ads 관리자 계정 또는 회사에서 Google 파트너에 등록한 Google Ads 관리자 계정에 연결된 모든 계정에 대한 관리자 액세스 또는 일반 액세스 권한이 있어야 한다.

이러한 구글 파트너 배지를 위한 요건이 2021년에는 좀 더 강화되었다. 마찬가지로 Premier 파트너 배지의 요건도 더욱 엄격해졌다.

2021 파트너 배지를 획득하기 위해 고려해야 하는 요건

1. 회사의 실적:

Google Ads를 효과적으로 사용하여 실적을 극대화할 수 있도록 캠페인을 설정하고 최적화함으로써 실적 요건을 충족한다. 새 Google 파트너 배지 요건을 충족하기 위해 파트너가 모든 추천을 적용하거나 100% 최적화 점수를 달성해야 하는 것은 아니다. 새 Google 파트너 배지 요건의 기준은 70%이다. 최적화 점수는 고객이 캠페인의 실적 향상 가능성을 파악할 수 있도록 도울 뿐만 아니라 실행 가능한 추천 사항을 제공하여 실적 개선을 지원하기 위해 도입되었다. 실제로 광고주가 계정 수준의 최적화 점수를 10점 높일 때 평균적으로 전환율이 10% 증가하는 효과가 나타났다.

2. 지출액:

관리 계정을 모두 합산한 90일 광고 지출액이 미화 20,000달러 요건을 충족하여 회사의 활발한 운영 상태를 입증한다.

3. 인증:

회사에 있는 자격을 보유한 사용자의 50% 이상이 Skillshop에서 업데이트된 인증을 취득해야 한다.

2021 프리미어 파트너 배지 요건

기준	프리미어 파트너 배지[2020년]	프리미어 파트너 배지[2021년]
회사 실적	전반적으로 탄탄한 광고 수익과 성장을 달성하고 고객 기반을 유지 및 확장하여 실적 요건을 충족한다.	회사가 2021년에 프리미어 파트너 자격을 얻으려면 먼저 새로운 파트너 배지를 획득해야 한다. 그러면 Google 파트너 프로그램에 따라 매년 참여 회사의 상위 3%에게 프리미어 자격이 부여된다. 프리미어 Google 파트너는 모든 관리 계정의 연간 Google Ads 지출액, 고객 성장, 고객 유지, 기타 정보를 비롯한 다양한 요인을 기준으로 선정된다. 평가는 1년 단위로 이루어지지만 시장에 따라 자격이 부여되지 않을 수도 있다.
지출액	전체 관리 계정에서 높은 지출액 요건을 충족하여 회사의 활발한 운영 상태를 입증한다.	
인증	Google Ads 관리자 계정이나 하위 관리 계정에 대한 관리 또는 일반 액세스 권한이 있는 사용자 2명 이상이 Google Ads 인증을 취득한다.	

    위에 언급된 내용은 최대한 정확한 내용을 독자에게 전달하기 위하여 https://support.google.com/google-ads/answer/9702452?hl=ko 에서 발췌하였다.

    그런데 온라인 마케팅에 대해 아무런 지식이 없는 초보자가 학습을 통해 자격증을 취득하는 것이 아니라, 시중에 돌아다니는 족보로 공부하다 보면 구글 자격증을 취득한다 하더라도 무용지물이 되어버린다.

    기존에 IT 업계에서 경험이 있는 전문가들의 경우에 족보를 잘 활용하면 시간을 줄이고 최대한의 학습 효과를 볼 수 있지만, 이 글을 읽고 있는 당신이 전문가가 아니라면 시간이 걸리더라도 공부를 통해 시험에 통과하길 바란다. 그래야 배움에 대한 보람을 느끼고, 하고자 하는 일의 지식을 습득할 수 있기 때문이다. 먼저 구글 자격증 시험을 취득하기 전에는 온라인 마케팅에 자주 사용되는 기본적인 용어에 대한 개념을 알고 있어야 한다.

- PPC: PPC는 Pay-Per-Click의 약자로 구매자가 광고를 클릭할 때마다 발생하는 비용을 업체가 부담하는 광고 형태를 의미한다. 광고 노출 수가 많아도 클릭 수가 없으면 광고비를 지불하지 않는다.
- Clicks: 광고를 클릭한 수
- Impression: 광고가 사람들에게 노출이 된 수
- Cost: 광고에 사용된 비용
- Conversion: 물품 구매& 회원가입 등 광고의 목표
- CTR(Click Through Rate): 광고 노출 대비 클릭 비율(클릭/노출)
- CVR(Conversion Rate): 클릭 대비 전환율(전환/클릭)
- CPA(Cost Per Acquisition): 전환당 소비율(비용/전환)

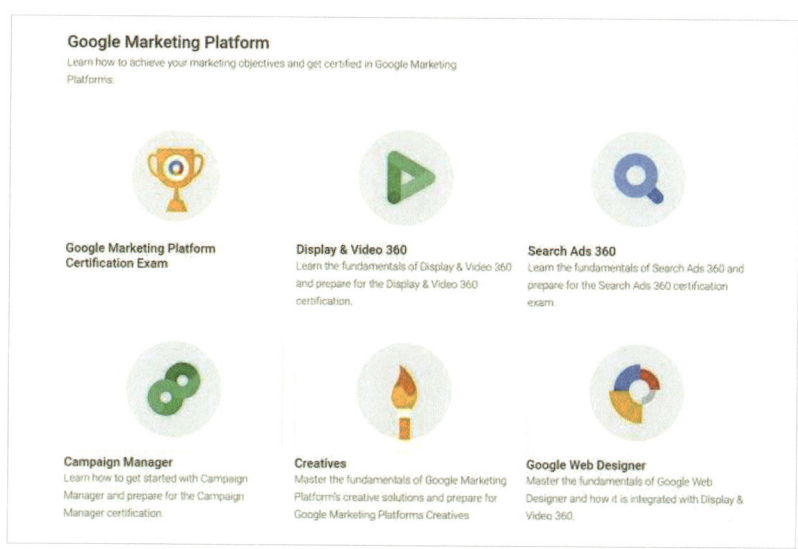

이미지 출처: @구글

이제 구글 자격증 시험에는 어떤 종류가 있는지 알아보기로 하자.

Google Ads Search Certification (구글 애즈 광고 인증)

Earn a Google Ads Search Certification by demonstrating your mastery of Google Ads Search campaigns. Prepare for the certification by completing the diagnostic assessment, or proceed to get certified.

구글 검색 광고 인증 시험은 검색 네트워크에서 게시하는 검색 광고 캠페인을 생성, 관리, 측정, 최적화할 때의 권장 사항 등 다양한 기본 개념 및 고급 개념에 대한 지식을 평가하는 시험이다.

Google Ads Display(구글 디스플레이 인증)

Earn a Google Ads Display Certification by demonstrating your ability to deliver effective display advertising to meet specific marketing objectives. Prepare for the certification by completing the diagnostic assessment, or proceed to get certified.

구글 디스플레이 광고 인증 시험은 디스플레이 캠페인 생성, 관리, 측정, 최적화의 고급 개념 및 권장 사항에 대한 지식을 평가하는 시험이다.

Google Ads- Measurement Certification(구글 애즈 측정 인증)

Earn a Google Ads- Measurement Certification by demonstrating your ability to measure and optimize Google Ads campaign performance. Prepare for the certification by completing the diagnostic assessment, or proceed to get certified.

구글 애즈 광고 인증 시험을 통해 기본적인 구글 광고에 대한 정보를 습득했다면, 구글 애즈 측정 인증 시험을 통해서는 구글 애즈 캠페인의 최적화 능력을 측정하는 시험이 되겠다. 어느 정도 구글 광고에 대한 배경 지식을 습득해야만 통과를 할 수 있기 때문에 먼저 구글 애즈 광고 인증 시험을 통과한 후에 시도하는 것이 좋다. 아래는 구글 애즈 측정 인증 시험 문제의 예를 하나 들어보았다.

> Question 3 of 27
> Which three of the following actions can improve your conversion rate?
> Select All Correct Responses
> - [x] Don't use negative keywords
> - [ ] Use negative keywords to further refine audience traffic
> - [x] Use specific keywords for better conversion rates
> - [x] Use the Search Terms report to reach the right customers
>
> NEXT

이미지 출처: @구글

Q. 구글 광고의 전환율을 높이기 위해서 실행해야 하는 3가지 요소는 무엇인가?

- [x] 부정적인 키워드 사용 자제
- [ ] 부정적인 키워드를 사용하여 방문자 트래픽 유입하기
- [x] 세부적인 키워드를 사용하고 전환율 높이기
- [x] 검색 리포트를 분석하여 정확한 구매자 파악하기

예시를 보면 알겠지만 전문적인 지식을 요하는 고차원적인 시험이 아니기 때문에 미리 겁을 먹을 필요는 없다. 시험은 무료이므로 준비가 되면 언제든지 온라인으로 칠 수가 있기 때문에 부담 없이 등록하면 된다.

Google Ads Video Certification(구글 동영상 인증서)

Earn a Google Ads Video Certification by demonstrating your

ability to get results from YouTube and Google Video advertising solutions. Prepare for the certification by completing the diagnostic assessment, or proceed to get certified.

구글 동영상 인증 시험은 유튜브 및 웹에서 동영상 광고 캠페인을 생성, 관리, 측정, 최적화할 때의 권장 사항 등 동영상 광고에 대한 기초 및 고급 개념에 대한 지식을 평가하는 시험이다.

Shopping ads Certification(구글 쇼핑 광고 인증)

Earn a Shopping ads Certification by demonstrating your ability to connect products with shoppers across their purchase journey. Prepare for the certification by completing the diagnostic assessment, or proceed to get certified.

구글 쇼핑 광고 인증 시험은 판매자 센터 계정과 제품 데이터 피드 만들기, 쇼핑 캠페인 만들기 및 관리 등 쇼핑 광고의 기초 및 고급 개념에 대한 지식을 평가하는 시험이다.

Google Ads Apps Certification(구글 앱 광고 인증)

Earn a Google Ads Apps Certification by demonstrating your ability to create and optimize App campaigns to meet specific marketing objectives. Prepare for the certification by completing the diagnostic assessment, or proceed to get certified.

구글 앱 광고 인증은 어플리케이션에서 광고 캠페인을 생성, 관리, 측정, 최적화할 때 권장 사항 등 다양한 기본 개념 및 고급 개념에 대한 지식을 평가하는 시험이다.

Google Analytics Individual Qualification(구글 애널리틱스 자격증)

The Google Analytics Individual Qualification covers basic and advanced Google Analytics concepts. This includes: planning and principles; implementation and data collection; configuration and administration; conversion and attribution; and reports, metrics, and dimensions.

필자는 몇 년 전 구글 자격증 시험을 통과하였는데, 그때와 시험 문제 수, 제한 시간, 합격 기준과 유효 기간은 조금씩 달라진 것을 확인했다. 앞으로도 바뀔 것으로 예상하기 때문에 여기에서 따로 자세한 설명은 하지 않겠다. 시험을 등록할 당시의 기준으로 보면 오래된 outdated가 된 정보가 될 수 있기 때문에 시험을 칠 당시에 직접 알아보는 것을 권유한다.

다른 구글 자격증 시험들은 원하면 옵션으로 취득하면 된다. 하지만 온라인 창업을 구상 중이라면 구글 애널리틱스와 구글 애즈 인증 자격증은 취득하는 것을 추천한다. 당신이 구글 플랫폼을 통하여 온라인 마케팅을 진행하게 된다면 이 자격증 시험들은 많은 도움이 될 것이다.

구글 자격증은 유효 기간이 있기 때문에 일정한 기간이 지나면 재시험을 쳐야 한다. IT 기술은 점점 더 빠른 속도로 발전하고, 이 기술을 따라잡기 위해서는 꾸준한 학습이 중요하기 때문에 구글은 유효 기간을 정해 놓았다. 그렇기 때문에 첫 시험을 족보를 통해 '운'으로 통과를 한다 하더라도, 다음 시험에 다시 공부를 해야 하니 얼마나 시간 낭비인가? 아니면 아무런 배움 없이 '족보'로 시험을 치며 자격증을 유지하던지(?) 그건 당신의 선택이다. 처음부터 기본적인 개념을 제대로 잡고, 실무에서 실력을 쌓다 보면 시험 유형이 조금 바뀐다고 한들 별다른 어려움 없이 통과할 수 있을 것이다.

05
유튜브(Youtube) 동영상 마케팅을 과연 해야 할까?
(유튜브 마케팅의 장점과 단점)

✎ 페이스북, 트위터 등 소셜 미디어를 통한 마케팅의 거품을 몸소 체험한 몇몇의 해외 대기업들은 더 이상 소셜 미디어 사용을 하지 않겠다고 발표했다. 왜냐하면 소셜 미디어는 쉽게 조작이 가능하고, 투자한 만큼의 turnover(수익 창출)를 기대하기 힘들기 때문이다.

일례로 1979년도에 설립되어 영국과 아이엘랜드에서 1000개 이상의 펍 체인과 호텔을 운영하고 있는 J D Wetherspoon(웨더스푼)은 더 이상 소셜 미디어를 사용하지 않겠다고 발표했다. JD 웨더스푼은 10

만 명 이상의 페이스북 팔로워와 4만 명 이상의 트위터 팔로워를 보유하고 있었는데도 말이다. 이 결정은 영국 공영 방송인 BBC에서도 취재를 할 만큼 화재가 되었고, JD 웨더스푼의 창립자이자 최고 경영자 Tim Martin(팀 마틴)은 소셜 미디어가 비지니스에 별 도움을 주지 않는다고 말하였다.[21]

뿐만 아니라, Lego(레고), Starbucks(스타벅스), Unilever(유니레버), Coca-Cola(코카콜라)와 같은 대기업들이 소셜 미디어 광고의 중단을 발표했지만, 유튜브 광고는 그대로 진행한다고 했다.

대기업의 "탈 소셜 미디어" 현상이 점점 늘어나고 있기는 하지만, 여전히 소셜 미디어의 인기는 식을 줄 모른다. 이 와중에 소셜 미디어를 대신한 대항마가 있으니, 바로 유튜브(Youtube)이다. 그렇다면 왜 대기업과 1인 기업들은 유튜브를 통한 비디오 마케팅에 열광할까?

유튜브는 세계 최대 동영상 공유 사이트로, 페이팔(PayPal) 직원이었던 채드 헐리(Chad Hurley), 스티브 천(Steve Chen), 자베트 카림(Jawed Karim)이 2005년 2월에 공동으로 창립한 최초의 동영상 서비스 플랫폼다. 헐리와 첸은 2004년 샌프란시스코에서 열리는 디너파티에서 처음 만났다고 한다. 파티가 끝난 다음날 헐리와 천은 디너파티가 촬영된 비디오 파일을 메일로 받아보려고 했으나, 파일 사이즈가 크다 보니 동영상을 메일로 받아볼 수가 없었다. 이들은 '어떻게 해야 동영상

---

[21]_ Mark Schaefer, This large company just quit social media. Should you?
<https://businessesgrow.com/2018/04/30/quit-social-media/>.

을 쉽게 쉐어(Share)를 할 수 있을까?'를 고민하기 시작했고, 이것이 유튜브가 만들어진 계기가 되었다.[22] 2005년 4월 23일 유튜브에 올라간 첫 동영상은 Me At the Zoo이다.[23]

그리고 얼마 후, 2006년 10월에 구글이 16억 5천만 달러를 지불하고 인수하였는데,[24] 그 이후 유튜브는 비약적으로 발전을 하였다. 구글은 유튜브 인수 후 2009년까지 4억 7천 말 달러의 적자를 내며 유지를 했지만,[25] 유튜브 사용자가 급속도로 불어나면서 흑자로 돌아서 지금은 구글과 맞먹는 온라인 플랫폼으로 성장했다. 이 정도의 결과는 예측하고 적자를 감수하면서 인수하지 않았을까? 2019년 5월에는 유튜브 이용자 수가 20억 명을 돌파하였다.[26] 필자가 생각하건데, 유튜브 서비스가 전면 유료화가 되는 날이 머지않아 올 것으로 예상한다.

지금과 달리 유튜브의 초창기에는 저작권 문제가 있는 동영상들이 많이 업로드가 되었지만, 유튜브는 이용자를 늘이기 위해 이것을 알면서도 아무런 제지를 하지 않았다. 그리고 그 혜택을 본 것이 바

---

[22]_ Katy Duffield, Chad Hurley, Steve Chen, Jawed Karim- Youtube Creators(Greenheaven Publishing LLC, 2010).

[23]_ Jawed, Me At the Zoo < https://www.youtube.com/watch?v=jNQXAC9IVRw&vl=en >.

[24]_ Miguel Helft and Peter Edmonston, Google to Acquire Youtube for $1.65 Billion (9 October 2006) <https://www.nytimes.com/2006/10/09/business/09cnd-deal.html >.

[25]_ Stuart Cunningham, Jon Silver and John McDonnell, Rates of Change: Online Distribution As Disruptive Technology in the Film Industry < https://core.ac.uk/download/pdf/10902081.pdf>.

[26]_ Mansoor Iqbal, Youtube Revenue and Usage Statistics(2020) (7 September 2020) <https://www.businessofapps.com/data/youtube-statistics/> .

로 '한류'이다. 한류 드라마들과 케이팝 문화가 전 세계 방방곡곡으로 퍼져나갔다. 특히 강남 스타일로 글로벌 싱어가 된 싸이는 유튜브가 키웠다고 해도 과언이 아니며, 싸이가 유튜브 성장의 '스노볼 효과(snowball effect)'의 중심에 서 있었다고 보아도 무방하다. 스노볼 효과란 작은 것으로 시작해서 가속도가 붙으며 어느 순간 산더미처럼 커지는 현상을 빗댄 것을 말하며 경제 용어로 자주 쓰이게 되었다.

아날로그 시대에 살던 시대와 달리 지금의 제너레이션들은 시각적인 자극에 많이 노출이 되어있다. 나이가 어릴수록 검색 엔진을 통해 정보를 수집하기보다는 유튜브를 통해서 검색을 하고 원하는 정보를 찾는다.

Pew Research Centre의 'Teens, Social Media&Technology 2018'에 따르면,[27] 미국 청소년의 95%가 스마트폰을 사용하고 있고,

---

[27] Pew Research Centre, Teens, Social Media&Technology <https://assets.pewresearch.org/wp-content/uploads/sites/14/2018/05/31102617/PI_2018.05.31_TeensTech_FINAL.pdf>.

그들이 가장 많이 이용하는 플랫폼은 유튜브로, 그 비율(85%)은 압도적으로 높았다. 그 뒤를 따라, 인스타그램(Instagram), 스냅챗(Snapchat), 페이스북(Facebook), 트위터(Twitter), 텀블러(Tumblr), 레딧(Reddit)을 사용한다.

재미있는 사실은 한때 소셜 미디어의 최강자였던 페이스북의 아성이 인스타그램에 의해서 무너졌다는 것이다. 10대를 상대로 온라인 창업과 마케팅을 준비하는 분들은 유튜브, 페이스북과 인스타그램 이렇게 세 가지 플랫폼만 잘 활용하면 된다. 비즈니스 성장에 많은 도움이 될 것이다.

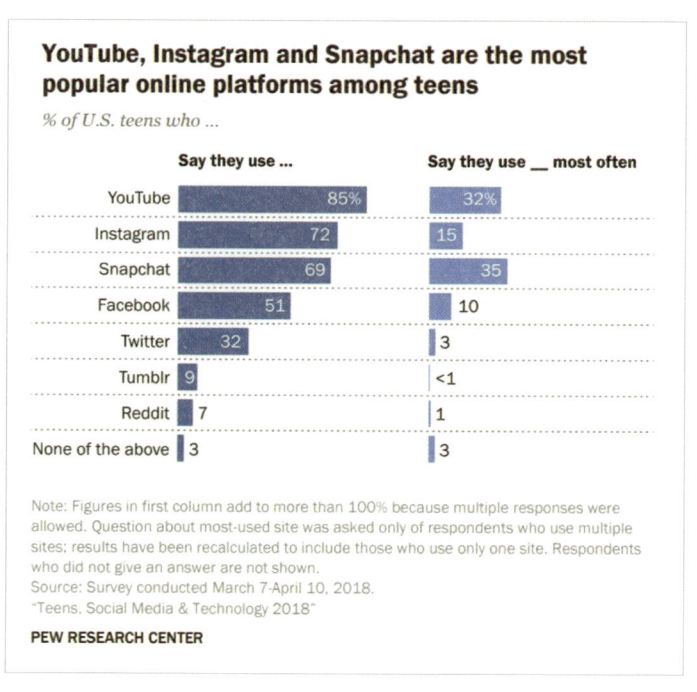

또한, KT 그룹의 디지털 미디어렙 나스미디어(nasmedia)는 국내 PC/모바일 인터넷 이용자의 서비스 이용 행태 및 광고 수용 행태를 분석한 '2019 인터넷 이용자 조사(NPR, Netizen Profile Research) 결과를 발표했다.

리서치 결과에 따르면, 국내 참여자 중 60%가 유튜브를 통해 정보를 수집하고, 10대 10명 중 7명은 유튜브를 검색 엔진으로 이용하고 있다고 한다.

이 리서치 결과로 유추해 볼 수 있듯이, 국내에서도 유튜브를 통한 마케팅이 미래에는 선택이 아닌 필수가 될 것이고, 새로운 제너레이션을 살고 있는 이들에게는 구글을 넘어서는 비주얼 검색 엔진(Visual Search Engine)이 될 것이다. 이러한 이유로, 포스트 코로나 시대를 살아갈 우리들은 유튜브를 잘 활용하는 것이 좋다.

유튜브의 강점은 무엇일까?

1. 20억에 달하는 유튜브 사용자
2. 전 세계 인구를 대상으로 온라인 마케팅 가능
3. 서버 유지 비용 없이 동영상 무제한 업로드 가능
4. 구글 검색 엔진에 상위 노출 효과
5. 일정한 조건을 갖추면 광고로 수익 창출
6. 웹 사이트 웹 트래픽(방문자 수) 유입

7. 짧은 동영상으로도 효과적인 메시지 전달 가능

8. 소셜 미디어(페이스북&트위터 등 기타 SNS)와 쉬운 연동

유튜브를 잘 활용하면 웹 사이트로 많은 웹 트래픽을 유입할 수 있다. 이것을 유튜브 최적화 작업이라고 한다. 어떻게 해야, 유튜브 영상의 상위 1페이지에 등록 시킬 수 있을까?

여러가지 요소들이 있겠지만 가장 먼저 기본적으로 영상을 올리기 전 유튜브 이용자가 자주 사용하는 키워드와 연관어들을 리서치해야 한다. 유튜브에 영상을 올리고 나면 제목과 설명 그리고 태그를 설정할 수 있는데, 동영상을 올리고 한 줄의 설명으로 끝이 나는 것이 아니라 동영상의 내용을 요약 정리하여 아래 설명란에 적어 두어야 한다.

홈페이지 주소와 다른 소셜 미디어 주소를 적어 놓으면 구독자들은 클릭 한 번으로 해당 업체의 웹 사이트 또는 소셜 미디어에 방문을 하여 제품/서비스를 확인할 수 있다. 그리고 관련 "태그"는 반드시 설정해야 한다. 위에서 설명했다시피 경쟁 업체의 이름을 태그하는 실수는 하지 않길 바란다.

반면에 유튜브 사용에는 단점들도 많이 있다. 예를 들어, 유튜버(영상을 올리는 사람)의 의도를 잘못 이해하여 사소한 문제가 큰 문제로 이어지는 경우가 많다. 그냥 지나쳐 버릴 작은 일도 크게 부풀려 큰일로 만드는 프로 불편러들이 많기 때문에, 하나의 영상을 제작할 때 신중

을 기하여야 한다.

프로 불편러들이 항상 나쁘다는 건 아니다. 프로 불편러가 생겨난 것은, 과거에서부터 당연히 내려온 부적절한 관습/문화들을 바로 잡을 수 있는 바람직한 현상이지만, 나쁜 의도를 가지고 개인에게 적용하여 남을 비방을 할 의도로 사용된다면 골치 아픈 결과를 초래할 수도 있다.

또한 유튜브 영상을 잘못 올리게 되면 생각지도 못한 법적인 문제에 직면할 수 있다. 과거에는 존재하지 않던 인터넷 법들이 생겨남 따라, 이전에는 문제가 되지 않았던 것들이 문제가 되어서 나도 모르게 법을 위반하는 행위를 하게 된다.

예를 들어, 요즘 유튜버들에게 문제가 되고 있는 것이 바로 '뒷 광고'이다. 과거에는 연예인, 배우 또는 유명 유튜버들이 자연스러운 '뒷광고'를 통해서 제품을 홍보하는 것이 법적으로 위반이 되는 행위가 아니었지만(과거에는 관련된 법이 존재하지 않음), 2020년 9월 1일부터 개정되는 추천 보증 등에 관한 표시 광고 심사 지침에 따라, 소셜 미디어를 비롯해 유튜브에서 협찬 또는 광고가 존재할 경우에는 사용자 모두가 알아볼 수 있도록 명확하게 표시해야 한다.

법이 시행되기 전 과거에 올린 글이라고 하더라도 '뒷광고'로 방송이 되었거나 포스팅이 되었을 경우, 이전 정보들을 전부 업데이트해야 한다.

이 글을 마무리하는 시점에서 다시 한번 당신에게 묻고 싶다. 과연 유튜브 마케팅을 하는 것이 좋을까? 하지 않는 것이 좋을까? 선택은 당신에게 달려있고, 아마 개인의 성향에 따라 마케팅의 방법이 달라질 것이다. 유튜브 마케팅이 당신이 하고자 하는 온라인 창업에 이로울 수도 있지만, 해로울 수도 있다. 비디오 마케팅을 위해 유튜브를 플랫폼으로 선정하였다면 신중을 기하여 유튜브 영상을 제작해야 할 것이다. 짧고 별 내용이 없는 유튜브 영상일지라도 한번 퍼블리쉬(Publish)가 되면 그에 따라 발생하는 개인 또는 법적인 책임이 따를 수 있으니 유튜브를 이용하기 전에 인터넷 법, 유튜브 약관은 반드시 필독해야 하며 관련 전문가 혹은 변호사와 상담해 볼 것을 권유한다.

* 면책 공고: 위에 언급된 글은 법률적 자문이나 해석을 위해 제공된 것이 아니다. 이 글에 실려 있는 내용과 관련하여 또는 그 내용의 미흡함으로 인하여 발생하는 어떠한 결과에 대해 필자는 아무런 책임을 지지 아니하고, 구체적인 사안이나 사건과 관련하여 필자에게 법률적 자문을 구하지 아니하며 이 글에 실려 있는 내용에 근거하여 어떠한 행위(작위 및 부작위)를 하지 말기를 당부한다.

06
구글 검색 엔진의 역사
(나의 밥벌이가 되어 줄 구글은 어떻게 만들어졌을까?)

✎ 불과 15년 전만 해도 구글이 이렇게 파워풀한 검색 엔진이 될 줄은 누구도 상상하지 못했다. 국내는 네이버의 선점으로 초반에는 구글의 진입이 어려웠지만, 수익을 위한 광고에만 치우친 네이버의 특성 때문에 많은 사용자들이 정보를 얻기를 위해 구글 검색 엔진으로 이동을 하고 있는 추세다.

참 재미있는 것은 지금이야 구글 검색 엔진을 자유자재로 이용하고, 원하는 자료를 필요할 때 언제든지 찾을 수 있지만, 불과 15년 전만 하더라도 구글이라는 검색 엔진이 익숙지 않을 때라 해외 어학연수 커리큘럼 속에 구글 검색 엔진을 사용하는 방법을 가르쳐 주는 수

업이 존재했다. 그 당시에는 한글로 작성된 포스팅의 노출이 잘 되지 않았던 것으로 기억을 한다.

누가 구글을 만들었을까? 어떻게 만들었을까? 어떤 이유로 만들었을까? 구글을 사용해본 사람들이라면 누구나 한번쯤 궁금했을 '구글의 역사'를 간략하게 알아보도록 하자.

구글 창시자 래리 페이지(Larry Page)와 세르게이 브린(Brin Sergey)
이미지 출처: @구글

구글은 스탠퍼드 대학에서 박사 과정을 하던 대학생 래리 페이지가 1996년의 연구 프로젝트 "백럽(BackRub)"을 위해 구글을 시작하였다.[28] 그는 가까운 친구이자 같은 박사 과정의 대학원생이었던 세르게이 브린을 그의 프로젝트에 합류를 시켰다. 래리 페이지의 가설은 "웹

28_ Sara Gilbert, The history of Google(Creative Education, 2008).

사이트 간의 관계를 분석하는 검색 엔진이 더 나은 결과를 산출해낸 다."였는데, 웹 사이트의 중요도는 웹 사이트들 간의 백링크(Backlink)를 통해 결정이 된다는 것이었다.[29]

이 가설은 구글의 검색 엔진에서의 상위 노출을 위한 가장 기본적이고 중요한 척도가 되어서 현재에도 백링크의 중요성은 그 어떤 최적화의 요소보다 중요하게 다루어지고 있다. 과거에는 백링크의 수(Quantity)에 집중을 했다면 지금은 백링크의 질(Quality)에 더 많은 비중을 두고 있다.

구글의 탄생에도 재미난 에피소드가 있다. 원래 구글의 이름은 "구골(Googol)""이었지만 단어의 철자를 잘못 쓴 결과로 현재의 "구글(Google)"이 되었다.[30] 구글은 1997년 9월 15일 "google.com"으로 도메인이 등록이 되었으며, 1998년 9월 7일에 Google.Inc로 정식으로 창립이 되었다.

하지만 초기에 자본이 부족했던 그들은, 스탠퍼드 대학 교수인 데이비드 채리턴(David Cheriton)의 소개로 선 마이크로 시스템의 공동 창업자였던 엔디 백톨샤임(Andy Bechtolsheim)을 만나게 되어, 10만 달러를 투자 받게 된다. 그리고 그로부터 6개월 뒤, 구글은 클라이너 퍼킨스

---

[29] Laura Maya, Google Ranking Secrets-Dominate the First Page of Google Rankings(Publisher s21598, 2018).
[30] Janet Lowe, Google Speaks-Secret of the World's Greatest Billionaire Entrepreneurs, Sergey Brin and Larry Page(Wiley, 2009).

코필드&바이어스와 세쿼이아 캐피탈로부터 더 큰 규모의 투자를 받게 되어 본격적으로 하드웨어 제작에 들어갔다.[31]

구글의 사용이 일상생활에서 대중화가 되면서 2006년에는 "구글하다.(google)"라는 동사가 옥스퍼드 영어 사전을 비롯하여 메리엄 웹스터 사전에도 등재가 되었다. "구글하다."의 뜻은 "구글을 이용하여 인터넷 정보를 검색하다."라는 뜻을 내포하고 있다.[32]

글로벌 창업을 준비 중인 창업자라면 네이버가 아닌 구글을 잘 활용해야 한다. 구글은 전 세계의 유저가 2 billion(20억)이며, 매 시간 2.28 million의 검색이, 매일 5.6 billion의 검색이 이루어지고 있다.
그리고 구글 검색 엔진의 최적화 작업을 통해 구글 검색 엔진에 상위 노출이 된다는 말은 곧 비즈니스 수입과 연결이 되는 것이니 언택트 온라인 창업을 결심하였다면 앞서 언급한 구글 디지털 마케팅의 생태계를 반드시 이해해야 한다.

31_ Sara Gilbert, The history of Google(Creative Education, 2008).
32_ Casey White, Sergey Brin and Larry Page: The Founders of Google'(Rosen Publishing Group, 2007).

명언

"The very first company I started failed with a great bang. The second one failed a little bit less, but still failed. The third one, you know, proper failed, but it was kind of okay. I recovered quickly. Number four almost didn't fail. It still didn't really feel great, but it did okay. Number five was PayPal." -Max Levchin

나의 첫 번째 회사는 매우 크게 실패했다. 두 번째 회사도 실패했지만, 첫 번째보다 덜 실패했다. 세 번째 회사는 적절하게 실패했고, 나름 견딜 만했다. 네 번째 회사는 거의 실패하지 않았고, 크게 만족스럽지도 않았지만 그럭저럭 괜찮았다. 그 다음 다섯 번째 회사는 바로 Paypal이었다.

- 맥스 레브친

When you're ready to quit, you are closer than you think- Bob Parsons

포기해야겠다는 생각이 들 때야말로 성공에 가까워진 때이다.

- 밥 파슨스

Just because you fail once doesn't mean you're gonna fail at everything.- Marilyn Monroe

한 번의 실패가 앞으로 모든 일의 실패를 의미하지 않는다.

- 마릴린 먼로

언택트 온라인 창업

펴 낸 날 2021년 2월 26일

지 은 이	까치하니(Adrienne Park)
펴 낸 이	이기성
편집팀장	이윤숙
기획편집	윤가영, 이지희, 서해주
표지디자인	이윤숙
책임마케팅	강보현, 김성욱
펴 낸 곳	도서출판 생각나눔
출판등록	제 2018-000288호
주 소	서울 마포구 잔다리로7안길 22, 태성빌딩 3층
전 화	02-325-5100
팩 스	02-325-5101
홈페이지	www.생각나눔.kr
이 메 일	bookmain@think-book.com

- 책값은 표지 뒷면에 표기되어있습니다.
  ISBN 979-11-7048-207-9(13320)

Copyright ⓒ 2021 by 까치하니(Adrienne Park), All rights reserved.
· 이 책은 저작권법에 따라 보호받는 저작물이므로 무단전재와 복제를 금지합니다.
· 잘못된 책은 구입하신 곳에서 바꾸어 드립니다.